山西省回国留学人员科研资助项目编号

黄海波 主编

小康路上的光阴故事

执行主编：黄　珊　李克明　范德峰

作　　者：王乐意　王秀萍　王映东　王　辉　左　遂　李克明

　　　　　李　明　吴保元　邢晓梅　张会珍　张秀芝　杨开国

　　　　　赵春玲　尚庆华　岳春青　范德峰　胡晓燕　珍　尔

　　　　　黄　珊　黄海波　梁新民　彭　亮　雷永莉　蔡佩仪

摄　　影：高玉平　彭　亮　常宇红

山西出版传媒集团　山西教育出版社

图书在版编目（ＣＩＰ）数据

小康路上的光阴故事 ／ 黄海波主编. — 太原 ：山
西教育出版社，2020. 11（2022. 5 重印）
　　ISBN　978-7-5703-1065-4

　Ⅰ. ①小… 　Ⅱ. ①黄… 　Ⅲ. ①中国历史—现代史—通
俗读物 　Ⅳ. ①K270. 9

中国版本图书馆 CIP 数据核字（2020）第 072414 号

小康路上的光阴故事

XIAOKANG LUSHANG DE GUANGYIN GUSHI

责任编辑　刘晓露
复　审　李梦燕
终　审　郭志强
装帧设计　陈　晓
印装监制　蔡　洁

出版发行　山西出版传媒集团·山西教育出版社
　　　　　（太原市水西门街馒头巷 7 号　电话：0351-4729801　邮编：030002）
印　装　河北燕龙印刷有限公司
开　本　889×1194　1/32
印　张　9. 75
字　数　252 千字
版　次　2020 年 11 月第 1 版　2022 年 5 月第 6 次印刷
书　号　ISBN　978-7-5703-1065-4
定　价　39. 00 元

如发现印装质量问题，影响阅读，请与印刷厂联系调换。电话：010-89598455。

目 录

序　言

黄海波：时尚女郎与"时尚回响"

韩石山

多少年了，我一直在想，一个写作者，一定要做实事，才能成就其声名。所谓的"深入生活"，终归是客，文字上的功夫再好，只是一种技能。好比伶牙俐齿，先得有话可说。

好几次，都想写文章了，又想，空说，没有意思，得有个实在的例子才好。按说，说我自己也行，可我从学校出来，在吕梁山里教书，一个村子，再一个村子，一做就是十几年，能把年轻人吓着。该有个更切实的例子才好。正所谓无巧不成书，黄海波女士主编的新书《小康路上的光阴故事》要出版了，让我作序，我正好借题发挥，就着黄海波女士说下去。

这样称呼，对别人好，有名有姓，还有性别，对我来说，就怪怪的，因为我平常总是叫她小黄。"70后"的人，按说不小了，架不住我更不小，也就一直这么叫着，既顺口又亲切。

认识小黄，真够早的，早到什么时候，拿不准，手机上一问，答案来了，1991年毕业。别的，不用问，全知道。山东大学中文系本科毕业，一毕业就分配到《太原日报》编副刊。我常给《太原日报》写稿，相识并来往，也就成了家常事。

那些年，兴在家里吃饭，我又喜欢跟女孩子交往，老伴知道我这个德行，也不见怪。一来二去，小黄的根底，也就知道了个大概。

父母是北京师范大学化学系的同班同学，南方人，1965年毕业，分配到山西。先在县里做事，几年后调到省城，都在教育系统。在县里的时候，就有了三个姑娘，来省城后，个个出色又略有差异。好事者分别称之为淑女、才女和美女。老大淑女，老三美女，小黄是老二，名校出来，写得一手好文章，自然就是才女了。她说这些的时候，还有几分得意，不窄的脸盘上，漾开宽宽的笑纹。在我看来，说一个女孩子是才女，并不是什么尊崇，极有可能是，既不淑也不美，只能说也还有才。

我将这个意思跟她说了，且说，萝卜里头，白的叫白萝卜，黄的叫胡萝卜，青的不好叫，只好叫心里美。她笑了笑，心里怎么个恨，看不出来，脸上还是笑意盈盈，且说韩老师的捷才，谁也比不上。

小黄怎么个有才，那些年，真还看不出来，能感觉到的，是她的大气。后来我甚至想，最终成全了她的，或许正是这种大气的品格。

小黄编副刊，又爱写文章，报社有个规定，编辑在自己编的版面上写的文章，不开稿费。她跟我女儿也是朋友，于是便署了我女儿的名字，于是我女儿便不时收到一笔小稿费。起初我以为，女儿不过是转一下手，积攒多了，还是要给小黄的。跟小黄说起，小黄说，用不着，给韩樱吃个零嘴吧。

自然，她的文章，不会光在《太原日报》上发，别的报上，外省的报上，也是常发的。过了几年，出了本书，叫《小资女人》，由北京华文出版社出版。当时，我正在编《山西文学》，最见不得的，就是所谓的乡土气，还有那个什么派，斗胆要纠纠这个偏。不能明着来，打的旗号是"唯陈言之务去"。见了小黄的书，观其行文，语感甚佳，一看就是当作家的料，甚是高兴，便摘了两章，在刊物上发表。同时配了我一篇长长的评论，名曰《这就是文学，这就是作家》。

靠我这么个老蚍蜉（老匹夫），哪能撼动"山西文学"这棵大树，几年下来，到了退休年岁，灰溜溜地走人了事。

此后多少年，我们就这么，有一搭没一搭地交往着，只能说彼此还记着彼此，没有高雅到相忘于江湖的地步。质言之便是，我过着我的清苦的书生的生活，她过着她的安逸的"小资"的生活。我们共同的朋友，有的升了官，有的发了财，我有时还会心生羡意，或者说是萌生妒意，她呢，恬淡得很，该怎么着还是怎么着。这一点，最是让我服气。我想，这就是身世好、素质高的地方吧，若是个农村出来的女孩子，怕不会这么心闲气定。

我退休后，在太原住了几年，耐不住此地高亢的文化气氛，借了陪老伴看孙子的名头，在北京赁屋住下，学了古人的"万人如海一身藏"，与小黄的交往就更淡了。仍不时见她有文章发表，不再是"小资女人"的腔调，平实多了，成了对少女岁月的回味。从时尚上说，是退了一步；从文章的品质上说，是升了一格。

说是在京师长住，每年夏天，天气热的时候，还是会回太原住一两个月的。记得是2015年吧，听说我回来了，小黄请我吃饭，在一个公司的会所里。我去了，她正站在楼下台阶上等着，没注意到我已走近。上台阶的时候，看见她手里拿着一本厚厚的书，在默默地读。到了跟前打招呼才抬起头，一脸的惊喜。瞥了一眼，是本英语书。

不像往常，吃饭多是一桌子人，这次就我们两个。一坐下就说，她要去美国了。我以为是移民，说开了方知是去美国研修一年，身份是公派访问学者。所需经费，国家出一半，省里出一半，单位仍发基本工资。美国那边的学校与教授，也已确定。

我这才意识到，她在门口读英语书，原来是干这个的。

"嘀，立大志了!"

我这个人，什么时候，都改不了刻薄的毛病。

知道我这个毛病，她不恼，只是淡淡地说，四十岁的女人，是该做点正经事了。这世上，有为无为，不过是一念之差。签证已经办下来了，过一个月就走。听说我回来了，想听听我对她此行有什么好的建议。

小黄说的访问学者，这些年，我见过多个。大多在国内已有稳定的职业，也有相当的学术根基，出国一趟，不过是见见世面，提高外语水平。最可笑的是，给的经费不能算少，原本是让你在外面，吃好喝好一心向学，总有那种小气鬼，省吃俭用，省下钱带几件像样的东西回来。我说了自己的看法，小黄不服气，说或许有人是这样，不会人人都是这样。她不想枉费了这个机会，想在这一年的时间里，确定自己往后多少年的修为，做点彰显自己才能的事情。

我笑了，相信她说的是心里话。

大概我平日的嘻嘻哈哈，给她的印象太深了，就是这样会心一笑，在她看来，也不是多么正经，顺口就说了一个她的感受。说国家每年拿出这么多的经费，派出访问学者，也不是抱定人人都会成事的想法，总是想着，世上有心人还是有的。就像多少年前，胡适会见过旅美科学家吴健雄之后在日记中说的，无心插柳，尚可成荫，有意栽花，必定会发，多少粒种子撒出去，落在石头上，有一粒落在丰腴的土地上，就会长出一个吴健雄。

又说，她不是吴健雄，我也不是胡适之，临行之前，还是想听听我的一番叮嘱。

话说到这个份上，不由得让人肃然起敬。

我这人，真本事没有，给人提建议，什么时候都是一套一套的。当时说了什么，全忘了，现在还能记得的，只有一条，就是选定了什么方向，关于那个方面的书，要尽量多买，带回一个集装箱，都不算多。且告诉她，我研究现代学术史上的人物，凡是留学回来带书多的，都成了大气候。比如李健吾，直到去世，还有一屋子外文书，且多是留法时买的原版书。在世的时候，博学如钱锺书，偶尔还会请他查查英法文的原版书。

小黄赴美的研修方向，大致上已经定了，就是看到这些年太原的老城区，正在一片一片地拆去，想到这是一个城市的历史正在消失，该用一种方式，将之留存下来，才对得起祖先，也才对得起后世。这是方向，赴美研修，要找的是方法，是着手处。

一年后，研修期满，回来了，正好我又回太原避暑，这次是我在我家附近一家饭店的雅座，为她接风，听她谈在美一年是怎么过的。

"公家的费用不算，我个人的财务基本上破产了。"

一开口，先吓了我一跳，心里惊异，嘴上还能兜得住，打趣说："不会是全买了名牌吧！"

知道我是开玩笑，她淡然一笑，说起了在美国一年来的经历。

我听了，现在还能记得的是，她去美国某地一个广场参观，正巧遇着一个老太太。老太太恰是这个广场的设计者，于是便请老人家去喝咖啡，第二天又带了束花去府上造访。再后来，去一个旧工厂改造的艺术中心，在艺术中心的咖啡座，正好遇上这个标志性建筑的设计者，又是请喝咖啡，又是登门拜访。一宗宗，一件件，都是花钱的事儿，但又都是大有教益的事儿。我听了，当即赞叹说："这世上，没有舍不得花钱，能成了大事的！"

她笑了，说，就知道韩老师喜欢这个调调。

那天我们谈了很久，具体的人名地名，过了也就忘了，现在要写这篇文章了，给小黄发微信，要她将那天讲过的，写成文字发给我。发来了，按说该将她的文字，化为我的文字，融入我的文章。又一想，费这个神做什么，直接引过来不就得了。下面是她的回复，自然也就是她的口吻：

初到美国，待了一个多月，选中了自己的研究对象——克里夫兰演艺中心。这是一个建于上世纪20年代美国电影黄金时期的建筑群，电视兴起后遭遇生存挑战，险些被拆掉。幸好有建筑师运用城市更新的手法进行改造，如今作为克里夫兰的经济发动机之一，负责吸引全美游客来这座城市进行消费。

Peter van Dijk，师从现代主义建筑大师路易·康，布洛松草坪音乐中心是他的代表作，但他投入精力和情感最多的正是我要研究的克里夫兰演艺中心。

几经周折见面之后，他第一句话就问："说说吧，是什么把一位美丽的中国女士带到这儿的？"那一天，我和Peter交谈了五个多小时，从他对克里夫兰演艺中心的重新塑造中，我了解到一座旧建筑为什么值得保留，特别是修复它的费用比建一座新剧院还要多；了解到如何让历史建筑焕发出新的生命；了解到建筑师如何决定城市的未来……在那之后，我在不同城市走进过经Peter之手更新的老建筑，当我向管理员说出他的名字时，每每会受到特别的礼遇。2018年，80岁生日的前一天，他在电话里说："明天克里夫兰演艺中心最大的那个演出大厅会为我举办生日宴会。多遗憾，你不在这里。"

在美国的一年，我一个人开车在路上走了将近3万英里，除了纽约、洛杉矶、芝加哥、匹兹堡这样的大都会，还去过五大湖边很多名不见经传的小地方。

建筑是一个时代思想、审美、技术的集中体现，读建筑就是读历史，每一代人对理想生活的憧憬就写在那些被精心保护、修复，并仍在使用中的老房子上。老房子成了我进入当地人生活的一个入口，没有一个人不喜欢和游客谈论自己生活的街道、自己的童年和祖父祖母年轻时的恋爱经历。所以走到哪儿，我都成了一个受欢迎的 Chinese Lady，很多当地人抢着和我分享他们的人生经历。

在超市买做鸡汤的佐料，一位女士很热心地帮我找，站在过道边上和我聊天。我告诉她，我是一位访问学者，来自中国，本职工作是记者，喜欢写普通人的故事。她羡慕地看着我，说："你是个天才。"这句听起来一点没有创意的话，对我却是醍醐灌顶。我肯定不是写得最好的，但我能写，能表达自我，能替普通人表达，这个才能对于她来说，就已经是天赐的才能。这个才能除了能让我混口饭吃，或者让我偶尔像大公鸡一样骄傲地走来走去之外，也能发挥更大的作用，能够让她这样的人了解中国、了解中国人，能够改变世界。

从那天起，我感觉到了生命的意义。

就在她回来的那个秋天，我在北京，记得是9月吧，小黄打来电话，说她出了一本书，要给我寄来，问我要地址。给了，寄来了，一本装帧雅洁的书，名曰《一个70后女神的时尚史》。我是不办刊物了，若仍办着，定会写一篇新的评论，大赞小黄的这种做法，乃为文之正路、作家之正宗。出书，总要滞后一个时间段。我知道，这是她将此前的文章做个了结，往后，该做她的大事业了。

　　果然，2017年夏天，我回到太原，听说她倡导的"时尚回响"活动，已经办起来了。办事机构名为"时尚回响工作室"。第一步，先是征集带有时代记忆特色的物品。过去的征集点，在太原美术馆的地下车库里，现在搬到太原学院的一个教室里。我捐出了我在1993年花了一万多元买的四通2406型电脑打字机。据她说，在另一个地方，太原学院借给一间库房，放置的东西，已满满当当。现在不光是她一个人在做，志愿者也有一大批。那天我见到的，就有好几个，从事的行业也是各式各样，多是年龄比她还要大些的知识女性。

　　"城市记忆·时尚回响"，在太原美术馆和省图书馆办了展览，引起巨大反响。后来，太原市专门为"时尚回响"项目开了一个论证会，计划建一个城市记忆馆，把实物和附着于其中的记忆展示出来，让这些看似寻常的日常生活用品来讲述中国的过去，昭示中国的未来。

　　现在的小黄，比以前更忙了。除了收集物品，小黄还发起了一个爱好写作小组，鼓励普通人写自己的人生故事。出版了两本书，一本是《40件物品中的改革开放史》，作者40个人；一本是《我爱北京天安门》，作者70个人。今年又要出版《小康路上的光阴故事》，也是许多平凡人来讲平凡的事情。他们中的大多数，没有任何写作经验，经过在时尚回响工作室的实物征集、写作辅导，现在围绕自己的一段经历，写两三千字不成问题。进步最大的一位，已经写了二十多万字。写作，不仅让他们的自我评价提升，也帮助他们更理性地看待自己的人生，同时这些文字也成为社会学、人类学研究的宝贵资料。

她不说我也知道，这还只是她的前期工作，后期工作将是据此写出一部大书来。

我相信，多少年后，黄海波为这个老城市留下的"回响"，无论是实物，还是文字，必会发出更为洪亮的声响。

2020年6月2日于潆渡室

人生独立识字始

讲述：王秀萍

背景

1952 年 5 月 24 日，我国开展大规模扫盲运动。"黑格隆冬天上，出呀出星星。黑板上写字，放呀么放光明。什么字，放光明？学习，学习二字我认得清……"无数人唱着《夫妻识字》，走进扫盲班的课堂。

从扫盲班毕业了

1953 年秋天，在父亲的支持下，母亲和院里的姐妹一同去离家不远的十二完小（现太原市坝陵桥小学）报名，正式成了扫盲班的学生。

母亲 1932 年出生于河南省鹤壁市一个叫王家迕的小山村，从小家里穷上不起学，跟姥姥、姥爷一样没文化，靠务农为生。新中国成立后，母亲进入村里在大庙办的免费识字班学

扫盲班毕业证　1956年　王秀萍提供

习，姑娘们兴高采烈地学识字，但纺棉线的活儿放不下，所以上课时还得带着纺车和棉花，识字班只坚持了不长时间便解散了。母亲还想再学，经识字班老师介绍又去了离家几十里外的学校上学。母亲靠自己的大弟修山洞挣的微薄工资勉强学了一个冬天，又因交不起学费而辍学了。

　　1953年，经亲戚介绍，母亲与回乡探亲的父亲相识结婚，离开家乡来到山西太原，住进坝陵桥附近的单位宿舍大院。劳作惯了的母亲不愿无所事事闲坐家中，就积极参与街道居委会的工作，还去派出所帮忙做一些事情。在工作中，每当遇到与文字相关的工作，她就觉得自己力不从心，想要拿起书本进学校读书的愿望越来越强烈。

新中国成立之初，文盲比例很高，而国家建设百废待兴，需要大量有文化有知识的人加入社会主义建设大军。于是，党和政府便开展了轰轰烈烈的全民扫盲运动，办起了各种形式的业余学校，工厂、农村、军营、街道都兴起了学文化的热潮。这一运动给无数像我母亲一样渴望通过读书学习改变命运的人带来了希望。母亲报名的十二完小，白天是普通小学，晚上是成人夜校，学习时间在晚上八点到十点。她的班里近二十人全是女生，大部分都有了家室。每天傍晚得提前把家务安排妥当，再赶着点去夜校上课。教她们的老师有两位，主要讲语文和算术，以及政策、法规等基本常识。老师们对成人学生非常有耐心，遇到特殊情况还额外照顾，比如我母亲就是名特殊学生，她在读夜校的两年多时间里，不仅努力学习文化知识，还经历了孕育我的过程。可以说我也参加过扫盲班的学习，是个不露面的学生。

扫盲班用的课本叫速成课本，结合当时的现实条件，通俗易懂。在老师的教授下，她们学习了汉语拼音、汉字的认读写、组词造句和家信、便条的写法，还认识了数字，学会了加减乘除等运算。虽然错过了学习的黄金年龄，每天的学习时间也极为有限，但这些大龄女学生特别珍惜这来之不易的学习机会，在校认真听讲，互帮互学，力求弄懂每个知识点和难题，回家后努力完成好老师布置的课外作业。她们如饥似渴地学文化，目的很简单，就是尽快地学会读书、写字，甩掉文盲帽，像男人们一样走出家门，投入社会主义建设中，独立自主，挣钱养家。

凭着这股激情，1956年年初，我满周岁时，母亲和班里同学全部以合格成绩拿到了扫盲班毕业证书。当天，她邀请两位老师和全班同学一块儿去柳巷和平照相馆拍摄了毕业合影留念。

扫盲班毕业纪念照（第二排中间为母亲王智勤） 1956年 王秀萍提供

看到母亲珍藏的这张照片和毕业证书背后的成绩单，我问母亲："妈，你当年那么用功，考试成绩应该优异才对啊。"母亲回答："还不是因为你拖后腿呀，你从小体弱多病又爱哭闹，我怎能安下心来好好学呢。"这张证书拿得可真不容易！

木样车间里的女工

20世纪50年代正值社会主义建设高潮，好多单位都需要新人。1956年6月，母亲拿着她的扫盲毕业证和户口簿去太原市劳动局报名，参加了劳动局统一组织的文化考试（考试内容为语文、数学、政治三门）。待发榜时，市劳动局门口人山人海，人们蜂拥向前，在榜上寻找自己的名字。母亲运气不错，被山西机器厂这个拥有几千号人的大型企业录用了。

被录用后，母亲为了全身心投入自己热爱的工作中，专门把姥姥从老家接到太原照顾我。进了厂，母亲先被分到化验室，但她很快发现自己的文化水平难以胜任这一专业性很强的工作，便向领导讲了难处，之后，被分派到了木样车间。

木样车间那批招进来14位青工，其中有8位女工（3位已成家，其中2位有孩子）。做木样是机器制造的首道工序，属于重体力劳动，同时技术性也很强，曾经都是男人在做。从8位女工进车间开始，这一格局被改变了。在老师傅的指导与带领下，她们从磨刀、拉锯、推刨、刷胶等基本功开始练起，逐渐学会了看复杂的机器零件图纸，并按照图纸的设计要求把零件图绘制到木头上，最后再用各种器具制作成木样机器零件模型，经检验工验收合格才算完成工作。木样零件形态各异、大小不同，大的长达十几米，小的还不到半尺大，每个样件都有工时要求，完成任务以所用工时计算，提前完成有超额工时奖励，母亲手快，总能提前完成任务。这是细木工活，三年出徒，工匠级别分为八级，全车间仅有两位八级工匠。当时母亲虽然有孩子拖累，但她性格倔强不服输，干活泼辣能吃苦，胆大心细敢上手，跟师傅学会了操作刨床、电锯等大型机械，三年后同伙伴们一起出徒被定为二级工。出徒后，车间里的十六人（其中有两位外单位派来学习的女青工）一块儿去五一照相馆拍摄了学友留念。

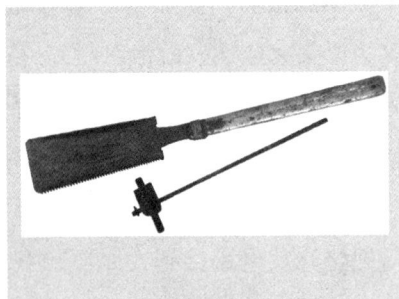

母亲在车间工作的场景、木工工具　20世纪60年代　王秀萍提供

母亲在岗位上勤恳踏实，对工作尽心尽责，领导让她担任了大组的工具保管员和卫生委员（负责车间妇女卫生保健工作），她还几次被工友们评选为车间先进人员。她积极要求进步，于1964年加入了中国共产党，成为厂里为数不多的女党员之一。20世纪70年代初，由于身患严重的类风湿关节炎，她关节疼痛变形，不能再做木样工作，只好听从医生的建议调换工种，去技术科当了晒图工，还担任了晒图室组长，直到1980年因病提前退休。

她总是那样乐观前行

从母亲的经历来看，上夜校读书学文化是她人生路上的重要一步。这张扫盲班毕业证不仅改变了她的命运，也为她在家里的地位奠定了坚实的基础。她从一名大字不识几个的村姑到进城参加工作当了工人，这是一个极大的转变进步。母亲从扫盲班结业后，父亲便不再替她读写家信了，遇到这些事都让她自己写自己读，以增强巩固她所学的知识。平时我们姐弟的学习，父亲指导得多些，母亲也时常会对我们讲没有文化的难处，教育我们珍惜幸福时光，努力学习文化知识，将来做一个对国家有用的人。

20世纪60年代，母亲用她的劳动所得从先锋商场买回一台南京无线电厂生产的红星牌收音机，并亲手做了个架子钉在墙上，把收音机摆上去。从那以后，我们全家人就常常围坐在一起收听节目，知晓时事，并按时对表。我和弟弟最喜欢听"小喇叭"节目中的孙敬修爷爷讲故事。每当电波中传出"小喇叭开始广播啦，答滴答，答滴答，答滴答，答滴"的声音，我和弟弟的心里别提多快活了。只见淘气的弟弟双手扶着桌子腿，探着身子，撅着小屁股，随着欢快的节奏，左右晃动着他的小脑袋瓜，那小样儿可爱极了。

母亲下班后常会顺道给我和弟弟们买些好吃的零食解馋，比如我最爱吃的麻花就是从那时开始喜欢上的。休息日，母亲会领着我们去书店选购小人书，一买还不止一两本，各种故事都有。捧着新买的小人书，被母亲领着走回家，心情别提多畅快了，用眉飞色舞、手舞足蹈来形容也不为过。很可惜，后来经过孩子们互相传阅和多次搬家破损丢失，留下的小人书也没几本了。

茶余饭后，母亲时常与父亲谈论国家大事和社会见闻。在工作与生活中遇到的不解和问题，她也会和父亲探讨如何处理与解决。在源于生活又高于生活的基础上，父亲在业余时间创作出了近九万字的中篇小说《巨变》，真实反映了20世纪50年代木样工人的工作和生活。小说于1960年由山西人民出版社正式出版。

从小到大，我守在母亲的身边时间最久，母亲的好多言行举止我都看在眼里记在心上。虽然母亲文化水平不高，但她懂得知识的重要性，相信有知识才能使自己变得优秀，才能去做自己想做的事，才能跟上时代前进的步伐而不被淘汰。她爱看中国历史和名人传记，读过《红岩》《林海雪原》《红楼梦》等大部头小说。平时也爱看报纸、杂志，家里订了《太原晚报》《太原广播电视报》《家庭医生》等报刊，她每期都要

《巨变》封面 1960年 王秀萍提供

戴上老花镜来认真翻阅。她常常一边看一边念，不时也有读错的字，听到后我会纠正，她总会虚心接受，但多数时候下次依旧读错。比如"摄影"读作"聂影"，"排斥"读作"排挤"，"尸体"读作"户体"等，常常听得我忍俊不禁，笑出声来。她还喜欢阅读介绍祖国名胜古迹一类的书。遗憾的是，因极度晕车，母亲只在退休后在父亲的陪伴下与姥姥去过一趟首都北京，此后再没出过远门。为了满足母亲的爱好，弥补她的遗憾，我们家人不管谁去哪儿游玩，都会专门买些当地的旅游书籍和特产给母亲，一见到这些，她就会开心得像个孩子。

前两年，八十多岁的母亲还学会了玩平板电脑，会用这一智能设备看照片，欣赏自己喜欢的电影、电视剧。她最爱看的一部电视剧是《王宝钏与薛平贵》，看了足足不下百遍。跟她聊天，不一会儿话题就被她扯到这部剧中。知恩图报、善良贤惠、对爱情忠贞不渝、苦守寒窑十八年的王宝钏，在她的脑海中留下了深刻的印象，她也恨透了剧中嫌贫爱富、为谋私利残害忠良，最后身败名裂的几个反面人物。听母亲讲得次数多了，我们也都能把剧情背下来了。只要老母亲高兴，我们会陪她一次次地看，会听她一遍遍地讲。受父母的影响，我和弟弟虽然都没读过大学（大弟上过省团校，算个大专生），但我们也喜欢读书看报，努力从书中汲取知识和力量来不断充实自己，像母亲一样在人生路上勇敢前行，乐观向上。

窦银贵与李丁香

讲述：窦银贵　李丁香

采访：黄　珊

背景

　　1950 年 5 月，《中华人民共和国婚姻法》（简称《婚姻法》）颁布实施。新中国第一部法律，使人们领略到法制建设的第一道曙光。婚姻自由使嫁娶成为自主决定的事情。同年，评剧《刘巧儿》在全国演出，这部宣传新婚姻观念的剧目立即在社会上掀起了宣传贯彻《中华人民共和国婚姻法》的热潮，在"刘巧儿"的影响下，全国千千万万的妇女冲破了封建婚姻的樊篱，追求婚姻自主和自由，争取妇女解放。

　　象球牌座钟稳稳地摆放在床前的柜子上，已经六十四年了。它的年龄与窦银贵和李丁香的女儿一样大。1955 年买这样的一台座钟，是相当大的一笔开支。当时窦银贵和李丁香所在的山西针织厂加工一大批绒衣，需要手工做扣眼，于是他俩每天下班后回家继续干活，额外挣点钱，很久之后，买下了这台座钟。

象球牌座钟　1955年　窦银贵提供

窦银贵出生于1930年，李丁香出生于1936年。1953年，他们经过自由恋爱后结婚，育有三子一女。至今，他们已经在一起生活了六十七个年头。

窦银贵看着墙上的全家福感叹：时间过得真是快啊，大儿子几年前就已经退休，这个月都领老年免费乘车证了！

鱼池街上两个苦孩子

窦银贵在3岁那年跟着全家从河北邢台一路乞讨来到太原，1947年开始挣钱养活自己，在位于太原市坝陵桥的军鞋厂做布鞋底子。鞋底用十层布粘在一起，鞋帮子三层，用刀按照鞋样儿切出来，这种工艺叫"圪帛"。军鞋厂一共有三个厂址，总厂位于南肖墙的第二兵站附近，一个分厂在水西门，另外那个就是窦银贵所在的坝陵桥分厂。当时挣到手的钱没有固定标准，给多少算多少。

窦银贵回忆起解放太原的那场战役时说：那可是一场硬仗，打得特别激烈，炮声震天，天空本来的颜色都看不清了，到处硝烟弥漫。人的脸除了眼白和牙齿是白的，其他全是黑乎乎的。我们躲在坝陵桥的关帝庙里（现已拆除），庙里的道士一直烧香，祈祷着保佑大家平安。

新中国成立后，厂子更名为"人民制鞋厂"，继续做军鞋，也做民用的。还在柳巷设立了个小门市部，卖翻毛皮鞋和布鞋。

部队上的人跟大家宣布：战争结束了，大家不用再担惊受怕，上班的人每人每天三斤小米。大家一听可高兴了，不用再挨饿了。这些小米基本上解决了吃饭问题，有时候还能换点蔬菜吃。

全市的各行各业都在努力恢复生产。文工团每天在街上说唱宣传："赶快上工复工吧，炼钢厂生着火，纺纱厂开多么大。修好了电灯安电话，人民的城市需要它。赶快上工复工吧，赶快上工复工吧！"

窦银贵家住鱼池街3号院，隔壁2号院住着李丁香一家。他俩以前一起玩，算得上是青梅竹马。长大了，反倒不怎么说话，一见面就把头一低，假装没看见，其实心里早就对彼此产生了好感。李丁香喜欢窦银贵老实厚道，不过窦银贵没敢往深处想。

李丁香家条件好，父亲在太原县前街（现在的府西街）8号院106厂工作，是名技术过硬的钳工。1949年之后，在247军工厂被定为八级钳工，收入相当不错。这时，李丁香的母亲去世了。1950年，父亲另娶了一位年龄比李丁香大十二岁的继母，家住2号院。1号院和2号院紧挨着，在马路斜坡上面，3号院稍远点，在坡下面。

继母年龄小，李丁香的脾气也不好，有一回俩人打了起来，李丁香的倔脾气上来了，就放了狠话：我就是讨吃要饭，死也不到你家里来！局面僵持不下，有要好的姐妹给她出主意：你就跟了窦银贵哇。

青梅竹马，婚姻自主

1953年，窦银贵和李丁香经过自由恋爱，终于结婚啦！

李丁香负气出走，父亲做不了后妈的主，没有挽留李丁香，更不敢把她找回来。知道李丁香出嫁，父亲也没给她陪嫁。邻居们议论纷纷，因为李丁香是家里唯一一个女孩，嫁给窦银贵亏了。

李丁香和窦银贵在位于国师街的太原市第二区政府所在地领了结婚证。1950年5月1日我国颁布了《中华人民共和国婚姻法》，恋爱自由、婚姻自主的观念逐渐深入人心。在他俩这张历经岁月、满是折痕的结婚证背面，写有《中华人民共和国婚姻法》第三章的部分内容，关于夫妻间的权利和义务，其中第一条便是："夫妻为共同生活的伴侣，在家庭中地位平等。"

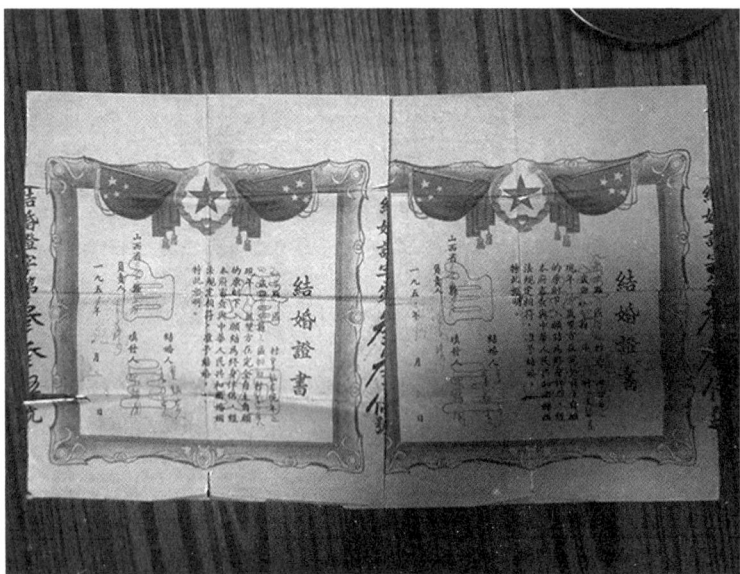

窦银贵与李丁香的结婚证　1953年　窦银贵提供

结婚证上，没有媒人，没有家长，只有新婚夫妇两个人的名字。结婚当天，没有典礼，没有证婚人，窦银贵借了辆自行车把新媳妇带回来，就算是结婚了。

想起刚结婚时住的房子，李丁香不由得叹了口气：他家就一间房，特别小，我们结婚时就用高粱秆在房子中间隔了一道墙，里间住着他哥哥，外间搭了一张单人床大小的床铺，这就是两个人的婚房了。

一年后生下了大儿子，一家三口就盖着一床被子挤着睡。"那时的日子真是不敢回头想，就靠孩子他爸一个人挣钱，日子过得紧紧巴巴。"李丁香回忆说，孩子他爸工作，她就想办法把家里的事弄得井井有条。平时在家也不闲着，做些缝缝补补的事儿。就算是粗茶淡饭，也要尽可能做得味道好一点。孩子长身体，孩子他爸工作特别辛苦，所以偶尔做顿好吃的，也让他们先吃。

即便如此，倔强的李丁香也没向父亲开口要过一分钱。那时年纪小不懂事，说话做事决绝。李丁香其实和继母并没什么深仇大恨，所以后来就又来往了。

房子的故事

1952年，窦银贵和一部分工人从人民制鞋厂调到了太原织造厂（现在的大南门少年宫南面）工作。1953年，太原织造厂和晋生纺织厂合并后更名为山西针织厂。厂子当时主要生产袜子、背心、床单、秋衣秋裤、绒衣绒裤。商标是个公鸡图案，用熨斗一熨就能粘上去。

晋生纺织厂商标　　　　晋生纺织厂厂徽　　　　山西针织厂厂徽
20世纪50年代　史志刚提供

1954年，儿子不到1岁的时候，住的房子后墙塌了，说来也巧，正好职工新村建成，他们就搬进了厂里分的新房。职工新村是由邮电、毛涤厂、铁路宿舍、针织厂、247军工厂等

十个单位联合建设的职工宿舍。从西到东共七大排，从南到北共十排，从山西省肿瘤医院起，北到马道坡、东到杨家峪，整整一大片全是职工新村的宿舍。

他们分到一间窑洞，大概有十五六平方米，后面有一小间厨房。所有窑洞都是三道门，一进门就是睡觉的床铺，出了中间一道门就是厨房，后面的那道门就能从厨房直接出去。家家户户都是这种格局，像串糖葫芦似的，串门倒是很方便。窦银贵每天坐着单位的大卡车上下班。

山西针织厂的职工宿舍多被分在享堂、菜园村、并州路、精营街、小南关这五个地方，职工新村也有一部分。20世纪60年代山西针织厂在黄陵盖了新厂房，大南门厂子里的工人全都去那里上班了。为了上班方便，窦银贵一家在1955年从职工新村搬到了菜园村。

那时山西针织厂的土地特别多，双塔街附近体育馆的宿舍、双西小学的用地原来都属于山西针织厂。当时人们对土地所有权没什么概念，从河南、河北逃难来的人，自己圈起来一块地就成了自己家的。菜园村四周都是菜地，农民就在菜园小庙旁边卖菜，宿舍区居住的人们都去那儿买菜。

窦银贵一家在菜园村分到的房子有一间半，不足二十平方米的样子。所谓一间半是两户人家分三间房，中间的那间一家一半。大家都在房子外面搭出一个小棚子当厨房。院子里有三排宿舍，两处公用自来水龙头，两个公共厕所。周边的路很窄，人们推着自行车都过不去。路面都是以前挖坟地、菜地遗留下来的坑，凹凸不平。后来住户多了，慢慢地，家家户户倒的灰渣硬是把路填平了。

孩子们一天天长大了，房子不够住，窦银贵就在原有的房子南面加盖了一间四五平方米的小房子。1979年，和别人分住的那半间也分给了他们家，可还是不够。1981年，大儿子结婚，他们又在旁边加盖起一间十来平方米的房子，垒起座院子。1983年，二儿子当兵回来，又住不下了。大儿子一家就搬到了儿媳所在单位——太原师范学院学生宿舍（现在的太原学院滨河校区）。

窦银贵和李丁香老两口在菜园村一住就是三十多年。

1999年，菜园村宿舍拆迁改造，当时窦银贵正在省人民医院的花窖干活，两口子在花窖住了一年多时间，2001年，搬进了回迁楼，也就是现在住的这套两室一厅、带厨房和卫生间的"豪宅"。房子虽然不大，可老人说：和过去比起来，就是住进了天堂啊！知足啦！

夫妻双双把家还

窦银贵在厂子里管过辅料，当过双针工，做过回收废品的工作，后来在山西针织厂绿化队搞厂区治理。山西针织厂当时有87亩7分地，是政府修汾河后空出的土地，当时主要用来培养树苗。他还种过稻子，到年底每位职工能分上一些。窦银贵干活儿从来不怕苦不怕累，1963年被评为"山西省劳动模范"。

1958年，李丁香沾老伴的光，进了山西针织厂。那时单位对职工家属有照顾政策。当时体育馆那边还没有建起沙河桥，她每天上班从菜园走到商业职工医院，再转过来从牛站的小木桥转过去。后来沙河桥建好，路途缩短了。再后来，厂里有了接送车，就更方便了。

李丁香上了一年多的班，1959年年底单位开始裁人，五百人分流到了太原纺织厂、太原肥皂厂、太原灯泡厂等几个单位，李丁香被分配到太原纺织厂（就是后来的山西纺织厂）。

纺织厂真远啊，每天都得穿过洋灰桥（即旧迎泽桥，已于1996年拆除）。于是，她买了辆飞鸽牌自行车，后来又换了太原产的铁锚牌自行车。天气好的话，骑车四十分钟；不好的话，就得用一个小时。李丁香每天经过洋灰桥西面的十字路口，时间长了，和在那儿值勤的警察都认识了。她现在还记得警察的名字叫武二毛，家住小井峪村。

窦银贵、李丁香的工作照　1957年　1966年　窦银贵、李丁香提供李丁香上班是三班倒，就这样跑了整整十个年头。

1956年，他们有了女儿；1960年，又生下了二儿子。那时的产假是五十六天。三班倒很辛苦，李丁香是一线的纺纱工人，工作时站的时间长。她很珍惜这份工作，五口人光靠窦银贵一人挣那二十来块钱生活肯定不行，得吃饭呀。但李丁香说，虽然辛苦，却比1949年前好太多了，上班有工资，吃饭问题解决了！

那时候他们两口子都上班，平时回到家两个人一起收拾家、做饭，一边忙乎一边聊聊厂子里的新鲜事儿。大儿子和女儿平时周一到周六都在山西针织厂幼儿园，一个月交五六块钱，星期天接回来。孩子回来一家人更是其乐融融，也要比平时多做些好吃的，改善一下伙食。

在山西针织厂工作的四十年，1960年困难时期生活得最为艰难，以后的日子就越过越好。山西针织厂是全省的先进典型，每天一车车的人过来参观学习。20世纪80年代，山西针织厂的效益特别好，计件生产，工人们都舍不得休息，干得多工资就拿得多。一说起在山西针织厂上班，其他单位的人都羡慕不已。1990年，窦银贵退休时，山西针织厂的效益也还是很不错的。

窦银贵在山西针织厂一直干到1990年8月1日正式退休，那年他60岁。别人退休享清福，闲不住的窦银贵在家里待不住。在厂子里，他的实干肯干、任劳任怨是有名的，很快，在山西省人民医院工作的朋友，就给他推荐了到医院搞后勤、绿化的工作。他领着十几个人，一干就是二十五年。

医院里的绿树、红花都是他带领工人们一手种植起来的，他还支援过山西省大医院的绿化工程建设。老伴带着骄傲说他做事不计酬劳，他在旁边接话：咱是从新中国成立前吃不饱穿不暖过来的，党和国家让咱过上这么好的生活，不好好干，怎能对得起党，对得起国家？2015年8月，85岁的窦银贵在医院领了年度"先进工作者"奖状，正式退休回家了。

老夫老妻，闲来拌嘴

85岁退休的窦银贵把对工作的热情全部投入到家务上。他在家里种了好多花花草草，在阳台上还种了西红柿和辣椒，家里绿意盎然，一片生机。

李丁香上班时落下了腿疼的毛病。现在年纪大了，腿疼得厉害，不大爱走动。每天买菜、做饭的活儿，自然就落在窦银贵身上。李丁香基本上是动口不动手，做指挥工作。有时候窦银贵干得累了，也要跟孩子们发几句牢骚：你妈什么也不干，还老说个没完。

孩子们每周日回家吃饭是件大事，老两口总要做一大桌菜：火锅、砂锅、虾仁、炖鱼……过年更是要做烧肉、炸丸子。这时，李丁香也要努力帮老伴做一些事情，摘菜、洗菜，打个下手什么的。儿女们回来总要给老爸老妈买些他们爱吃的水果、蔬菜和一些营养品，尽可能地帮老人多做些事。一家人在一起说着笑着就把家务活儿全都干了。下午，孩子们就陪着老两口打打麻将、聊聊天……

平时的日子，窦银贵干完家务活儿，喜欢坐着公交车四处转悠，看看太原日新月异的发展变化，回到家就把看到的新鲜事物一一讲给老伴听。小儿子怕他走丢了，专门买了一个智能手环给他戴上，这样，无论他走到哪儿，都能被找到。有了这个手环，李丁香就不担心他走丢了。可窦银贵却说：我不需要这手环，在太原住了八十多年，哪有我不认识的地方呢。不过怕老伴担心，戴就戴上吧！

20世纪50年代，他们自由恋爱，自主结婚，一直幸福地生活到今天。

全家福　2018年　窦跃文提供

我爱北京天安门

讲述：蔡佩仪

背景

　　天安门是中华民族强盛的象征，是全国各族儿女心目中的圣地。随着相机快门的咔嚓声响，无数中国人在天安门前留下了难忘的影像。天安门的雄伟壮丽，金水桥的雍容典雅，石狮子的威武雄健，伟人肖像的慈祥，升旗仪式的肃穆，从此成为最难忘的回忆。无论走到哪里，中国人对天安门的热爱从未改变。

当标兵，守卫天安门

　　1952年，我被保送入北京师范大学物理系。

　　20世纪50年代初，那是一个意气风发、充满革命理想的时代，我们怀着"年轻人火热的心"，从祖国的四面八方汇集到学校，度过了一生中最难忘的时光，在心灵深处树立了不可磨灭的精神追求。

我们班有八十名同学，成员是丰富多彩的：除应届高中毕业生外，还有抗美援朝的志愿军、新疆的少数民族和原中小学教师等，来自天山脚下、东海之滨、长白山麓、珠江水畔。大家有一个共同的理想，就是当一名人民教师——人类灵魂的工程师，我们填报的第一志愿都是北京师范大学。

入学教育的内容包括观看苏联电影《乡村女教师》。电影主要讲述一位名叫华尔华娜的女大学生，自愿到偏僻的西伯利亚去教书，将自己的毕生精力献给教育事业，献给祖国的未来，成为桃李满天下的共和国英雄。我们噙着激动的泪花看着影片，下决心做一名华尔华娜式的人民教师。

我们在校园放声歌唱，在教室、图书馆潜心读书。对我影响最深的是《钢铁是怎样炼成的》中主人公保尔的名言："人最宝贵的东西是生命。生命对于我们只有一次。一个人的生命应当这样度过：当他回首往事的时候，不因虚度年华而悔恨，也不因碌碌无为而羞愧——这样，在他临死的时候，他能够说：我的整个生命和全部精力，都献给了世界上最壮丽的事业——为人类的解放而斗争。"影片里那旋律既优美动听又激昂慷慨的插曲《在乌克兰辽阔的原野上》始终萦绕在我脑海中，"在乌克兰辽阔的原野上，在那清清的小河旁，长着两棵美丽的白杨，这是我们亲爱的故乡……"那时，我爱用吉他自弹自唱这首歌曲，并把保尔的名言一直珍藏着，作为我的座右铭。

入学当年，我们班的男生光荣地当上了"标兵"——国庆节在天安门前执勤。金水桥前，东西向第一排是解放军战士，第二排就是我们标兵。前者着戎装，我们穿白衬衣、蓝裤子，左臂戴红袖章，共同任务是维持秩序。盛典前夜我们在广场上实地操练。学校给每人发一个茶鸡蛋、两个糖三角作为夜宵。执勤中，我们被允许在游行队伍通过时轮流向天安门城楼瞭望，但不得挥手欢呼跳跃。那时眼力好，当我们远远看到毛主席等国家领导人的身影时，激动得热泪盈眶。

国庆之夜，天安门广场灯火辉煌，数十万人纵情歌舞，通宵达旦，欢庆节日。当晚，我们全班同学参加了广场上的狂欢活动。鲜花与彩灯辉映、礼花伴歌声齐飞的激动人心的场面，至今难忘。

天安门前留影，记录奋发的青春

大学学习是一个快乐而艰苦的探索过程，需要好的方法。史包尔斯基在《原子物理学》绪言中告诉我们一个简单而有效的方法，即看书时手里拿上一支笔。从此我养成读书时边读边写、加眉批脚注的习惯；同时按照华罗庚"由薄到厚，再由厚薄"的方法，逐页阅读，循序渐进，每读完一章写出简要的小结，读完一本厚厚的课本，写出系统总结，从而完成学习的飞跃。通过逐步积累，逐步深入，独立思考，螺旋上升，我的学习有了很大的进步。

1956年，我患上了肺结核，住进了疗养区。当时流行顺口溜："一进疗养区，二人把病疗，三餐吃得饱，四体不勤劳，五谷全不分，六艺忘光了，七倒八歪遛弯儿去，九十公斤快到了。"我一贯昂扬的心态渐渐有些晦暗。了解到我的情况，姐姐佩芳同姐夫千里迢迢从兰州到北京来看我。当时我与姐姐已阔别五年。姐姐1951年考入重庆大学化工系，四年后毕业，被分配到兰州一家化工厂当技术员。兰州到北京的铁路距离是一千八百多公里，乘火车历时二十四小时，当时硬座票价三十多元。两人往返加食宿，花费近二百元，相当于她那时四个月的工资。当然，利用这次探亲的机会观光北京著名景点也是他们的一大心愿。

我陪他们先后参观了天安门、故宫、北海、文化宫、中山公园等景点，并在天安门前合影留念。当时天安门前有专业照相点，先拍照后邮寄。

天安门前与姐姐、姐夫合影 1956年 蔡佩仪提供

随后，我们步行到前门大街，在一家饺子店用餐。那时的物价很低，猪肉水饺一角五分一个，三鲜的三分一个。每人半斤饺子，加上几味小菜（总共不到三块钱），吃得有滋有味、心满意足。饭后，走到北京站，在月台上告别时，姐姐又给我的口袋里塞了五十元。那是她一个月的工资啊！我噙着泪水，从胸前摘下那枚心爱的"国庆三周年纪念章"，这是我1952年在天安门当标兵时获得的奖品，留给姐姐作纪念。在汽笛的长鸣声中，我们依依不舍地挥手告别。

与此同时，全班同学的关心和鼓励给了我同疾病斗争的力量，团小组长周希珍代表小组同学来看望我，并留下充满情谊和期望的信。我病情好转后，还被大家选为团支部书记。

很快，我结束疗养回到学校，感受到同学们比以往更加奋发的精神。1956年的春天是难忘的。1月30日，周恩来总理在全国政协二届二次会议上发出了"向现代化科学技术大进军"的号召，在六百多名科学家和技术专家的共同努力下制订了十二年科学技术发展远景规划。顿时，"向科学进军""向副博士（编者注：苏联时代的高等教育学历制度，副博士相当于我国的博士学位）进军"成了当时大学生中最为响亮的口号。那时，我对自己提出了"向理论物理进军"的口号。为了实现这个目标，我做出了"战略部署"，加强英语、数学、逻辑学和物理学史的学习。

离开北京，入娘子关

面临毕业分配，绝大多数同学的志愿是"到艰苦的地方去"，鲜有报"京津沪"的。我的志愿第一是坚决服从分配；第二是内蒙古；第三是山西。我们班三十人，一半分配到山西。一位高两届的师兄郑华文原本分配到北京师院，另一位家在北京的同学分配到山西师院，因家庭问题，难以成行。郑华文主动提出同他交换，自己到山西师院工作。正如一首老歌所唱："毛主席的战士最听党的话／哪里需要到哪里去／哪里艰苦哪儿安家／祖国要我守边卡／扛起枪杆我就走／打起背包就出发……"

1958年8月，毕业分配方案公布。我和二十六名同届毕业生被派往山西，编成一个中队。学校为我们订了8月21日晚从北京到太原的火车票。我们一行二十七人"打起背包就出发"，坐上学校派的一辆敞篷大卡车直奔北京站。然后，我们乘坐列车，驶向太行山，进入娘子关。

我们豪情满怀，雄姿英发，在列车上放声歌唱："让我们荡起双桨／小船儿推开波浪／海面倒映着美丽的白塔／四周环绕着绿树红墙／小船儿轻轻飘荡在水中／迎面吹来了凉爽的风……"我们一路上充当义务列车员，为旅客倒茶续水，扫地擦桌，受到乘客和列车组的一致赞扬。

翌日晨，列车到达太原。山西省教育厅的干部在出站口热情欢迎，安排我们乘坐卡车到省第一招待所住宿（山西日报社对面）。为了让我们尽快走上工作岗位，教育厅的同志连夜加班，制订出了具体的分配方案。次日下午，我们到省政府大院（府东街101号）四号楼会议室听候分配。一位副厅长主持会议并简短讲话。每位同学都再次表达了"坚决服从分配"的强烈意愿。

第三天，我们又一次打起背包，奔赴各自的工作岗位。山西省教育学院派来一辆20世纪30年代的黑色小汽车，把我和另外两位女同学接到了学校。

在太原开明照相馆拍摄的结婚一周年纪念照　1961年　蔡佩仪提供

当年，山西主管文教工作的副省长王中青（1910—1990），是一位集教育家、作家、演说家、老八路、三八式干部于一身的传奇人物。他与著名作家赵树理是中学同学，共同参与反阎、反蒋活动；17岁参加八路军，18岁入党，22岁任太岳军区政治部宣传教育部部长，参加过上党战役，解放洪洞、临汾、翼城的战斗；1949年接管太原，任文教、行政接管组组长，教育厅副厅长；1956年任山西省副省长。

20世纪50年代初，他曾率山西省招聘团南下，从江浙一带物色了一大批高级知识分子（相当于讲师以上）到山西从事教育工作。这些知识分子不仅待遇从优，在工作和生活上也被给予照顾。为解决吃大米的问题，山西省政府规定给所有南方人每人每月在粗粮中调剂八斤大米。那时，粮食是按人定量供应，每月二十八斤左右，三成细粮（白面），七成粗粮（玉米面、高粱面、小米）。这项规定对南方人安心在山西工作起到了重要作用。据80年代初期统计，在山西省五所直属高校中，讲师以上的教师中，南方人占到百分之八十。

我所在的山西省教育学院，是1958年6月在原山西省教育干部学校的基础上升格而成的。院长梁文（十二级三八式干部）是从工业厅副厅长岗位上调来任院党委书记兼院长的，那年才44岁，人很清瘦，盛年秃顶，戴着黑边近视镜，一身灰制服，在人们心目中俨然成了一位颇有威仪的"老院长"。他日理政事夜读书，尊重知识，思贤若渴，关爱师生，对学校的发展有深远的战略思考。他对我生活上关心，听说我的病尚未痊愈，就让食堂管理员每天中午给我加一盘肉菜（这在当时物资极端匮乏的情况下太难得了）；工作上重视，第二年就任命我为物理教研组组长、数理部委员和院科委委员。

在老一辈三八式干部、三晋园丁的言传身教下，我们班分配到山西的十五位同学个个无愧于"三晋园丁"的光荣称号，为山西教育事业辛勤耕耘四十年，直至退休。

相距三十年，再见天安门

1986年8月，我们毕业三十周年聚会。适逢中南海开放，全班同学参观了丰泽园、瀛台等景点。进入丰泽园，里面又是一个四合院，东厢房"菊香书屋"就是毛主席的故居。令人难忘的是，故居卧室的书架上，办公桌、餐桌、茶几上，处处都是书。一张宽大的床上除一个人躺卧的位置外，都是一摞又一摞的书籍。

随后，我们瞻仰了巍然屹立在天安门广场中央的人民英雄纪念碑，并再次在天安门前合影留念。

天安门前与同学合影留念　1986年　蔡佩仪提供

孟子曰："得天下英才而教育之，三乐也。"我在大学教学二十五年，桃李芬芳，有此乐也。又在教育厅、大使馆、省政协工作十五年，可谓得天下英才而交之，又一乐也。退休后，我广交朋友，博览闲书，网上冲浪，云游四方，一览大千世界之旖旎和变幻，不亦乐乎。有幸三乐，吾复何求！

一个全国劳模的进京路

讲述：宿天和

采访：梁新民

✅ 背景

劳动模范是新中国对普通劳动者价值和意义的肯定，也体现了工人阶级的先进性和领导作用。劳动模范是时代的精英、人民的楷模，民众在潜移默化中向劳动模范学习，感受劳模精神、劳动精神、工匠精神，成为新时代的公民。

2019年10月1日，庆祝中华人民共和国成立七十周年大会在北京天安门广场隆重举行。那一天，宿天和与老伴在家里收看了大会的电视现场直播。从阅兵开始，老人目不转睛，听着振奋人心的军乐和口号声，看着现代化武器装备方队和游行群众队伍走过天安门广场，他不禁想起自己一次次到北京的情景。

出类拔萃的八级工

宿天和出生在忻州的一个贫苦山村。1932年，为贫困生活所迫，宿天和的父亲离开忻州，在饥饿中走了两天到达太原，在西北实业机关枪厂（后来的山西机床厂）学习车工技术。1948年，14岁的宿天和迫切想帮家里改善生活，就上班了，进西北育才机器厂（新中国成立后易名太原矿山机器厂）当了车工。1949年4月24日，太原解放。几天后，他积极报名，参加了大炮抢修队，在一个多月的时间里，三十多个工友克服缺水、缺电、缺材料等重重困难，修好了四十多门我军在解放太原时损坏的大炮。

那时，在《工人阶级硬骨头》《社会主义好》的歌声中，到处都是"比学赶帮超"的感人景象。和很多人不同的是，宿天和在业余时间积极对车床刀具进行革新，最终提高了高速切削、高速挑扣技术，从而提高工效五至十倍。他和庄铭耕发明了快对、快闸、无针校对、记号测量的先进操作法，大大缩短了加工零件的辅助时间。他还先后革新成功焊刀机和

宿天和工作照　1955年　宿天和提供

对焊机，从而节约高速钢百分之五十。他将锻造刀杆改为精密铸造刀杆后，年节约钢材四十余吨，节省工时近万个。如果说普通工人一天干二十件活，他一个人就能干出来一百二十件。

太原矿山机器厂当时有近万名职工，仅车工就有两千多人，而被评为八级车工的不到二十人，其中就有宿天和与他的父亲。他三次获得全国劳动模范荣誉，厂工会还拍摄了介绍他工作和生活的电影纪录片。

奖状　1956年　宿天和提供

由于在工作中采用先进的操作技术，宿天和加工的产品产量高、质量好，在20世纪五六十年代，他的工资和奖金就远远高于一般职工。他每月的收入有四五百元，而一般职工的月收入是四五十元。那时，一般人家中大都没有收音机，厂里给每个职工家里的墙上安了个小喇叭。宿天和给家里添置了一台"东方红"牌八灯电子管收音机，这在当时可算得上是极为高档的家用电器。大人听新闻，孩子听歌曲、相声，全家人聚在一起听电影录音剪辑。

"东方红"电子管收音机　20世纪60年代　宿天和提供

　　1956年4月，在春光明媚的日子里，宿天和加入了中国共产党。不久，他接到通知，赴北京参加全国机械工业先进生产者代表会议，同去的还有厂里另外两位全国劳动模范刘兴合、田锦高。走的那一天，他们在车间加紧生产，下班回家后，匆匆洗了把脸，换下劳动布工作服，简单吃了点儿饭，就往火车站赶。

　　在北京的每一天，年轻的宿天和心中都充满着幸福感。听说马上就要见到毛主席了，他一晚上没睡好。第二天，他和大家进了中南海怀仁堂，在一个宽阔的露天场地，毛泽东、周恩来、朱德等党和国家领导人亲切接见了劳动模范，并与大家合了影。晚上，周恩来总理邀请他们观看了文艺演出。

第三天，时任第一机械工业部部长的黄敬请十位全国劳模座谈，宿天和应邀参加。黄部长平易近人，就餐时，对坐在身边的宿天和说："我吃过山西的饭，红面鱼鱼好吃。"他问宿天和工作时用什么车床，宿天和回答："旧社会留下的皮带车床。"黄部长微笑着问他："想不想用沈阳第一机床厂引进的用苏联技术生产的620新机床？"宿天和高兴地回答："想啊！听说新机床的性能比皮带车床好许多！"黄部长又问："想要几台？"宿天和心里想，越多越好，工友们开上新车床肯定很高兴，厂里的机器生产肯定又快又好。但他不好意思多说，回答有两台就够了。没想到，他刚回到太原，五台新车床的调拨单就到厂了。

在北京，每个代表都收到了三件富有意义的礼品：一支金星钢笔，希望大家加强学习；一个小座钟，希望大家和时间赛跑；一条毛毯，请大家注意身体。

红色请柬

1959年秋，幸福再次拥抱了宿天和。他成为山西省赴京参加新中国成立十周年庆祝活动观礼团的一员。赴京前，他到华泰厚服装店做了一套毛料制服。山西赴京国庆观礼团由省委书记处书记池必卿带队，代表团成员还有李顺达、陈永贵、王贵英、王凯山等一批全国劳模。他们住在北京饭店，胸前戴着印有"全国劳动模范"字样的红布条。空闲时，山西省著名北路梆子表演艺术家、艺名"小电灯"的贾桂林为大家演唱了《金水桥》《王宝钏》等戏剧选段。

在这里，宿天和接到了一封红色请柬，普通信封大小的红色请柬封面上印有金色的国徽，打开来看，里面印着红底烫金字："为庆祝中华人民共和国成立十周年，定于十月一日上午十时在天安门举行阅兵与群众庆祝游行大会。届时敬请光临。"请柬的另一面是白底红字："为庆祝中华人民共和国成立十周年定于一九五九年九月二十八日下午三时半在人民大会堂举行庆祝大会敬请光临。"邀请人是毛泽东、刘少奇、宋庆龄、董必武、朱德、周恩来。宿天和激动万分，把请柬看了一遍又一遍。宿天和现在还保存着这张请柬。

在激动人心的掌声中，宿天和再次见到了伟大领袖毛泽东。能同党和国家领导人一起开大会，大家都感到非常自

国庆宴会请柬　1959年　宿天和提供

为庆祝中华人民共和国成立十周年定于
一九五九年九月二十八日下午三时半在人民
大会堂举行庆祝大会敬请

光　临　　　　　宿天和

毛泽东　　刘少奇　　宋庆龄
董必武　　朱　德　　周恩来

国庆宴会请柬　1959年　宿天和提供

豪。会后的宴会不是大餐，而是几个凉菜和烧四宝、口蘑烧鸡块两个热菜，外加一些点心、水果，但大家的心里充满温馨和幸福。

10月1日上午，天安门广场上气球高悬，鲜花簇拥，红旗飘扬。《东方红》的乐曲响起，毛泽东等党和国家领导人登上了天安门城楼，全场响起热烈的掌声。在喜庆的乐曲和人们的欢呼声中，宿天和的心跳得格外快，真希望时间过得不要太快，他想久久置身在这幸福的海洋中。晚上回到宾馆，大家都毫无睡意，相互串门，兴奋地说观感、谈收获。

在北京的日子里，代表们参观了人民大会堂、军事博物馆、北京火车站、民族文化宫、首都体育馆等刚建成的北京十大建筑。除了参加座谈、参观，宿天和还抓紧时间与同行切磋、交流技术、收集资料，他的笔记本上记得满满当当。

大国工匠

在北京，宿天和当选为中国机械工业金属切削刀具技术协会副理事长，由此结识了众多的全国劳动模范、技术专家，如盛利、桂育鹏、马学礼、尉凤英、秦文彬等，他们被称为"大国工匠"。在以后的三十多年时间里，他们一次次为中国刀具技术的进步而相聚在北京，一次次赴全国各地做刀具技术表演。

在北京，宿天和还多次走进机械工业部部长沈鸿的办公室。受厂领导的委派，他多次到北京找部领导，为厂里申请项目和资金。有时，宿天和晚上坐火车离开太原，第二天早晨便到北京。在机械工业部，沈鸿热情地对他说："你把材料放我办公桌上，或是上街看看咱的新北京，或是看看你的好朋友倪志福，下午你来我办公室拿上批文，不影响你晚上回太原。"

新中国成立不久，宿天和就参与了太原矿山机器厂割煤机的制造。三十年后，国家计委下文决定山西进口二十台英国产大型综合采煤机，时任山西省省委书记的霍士廉希望太原能生产采煤机。接到任务后，已任太原市经济委员会副主任的宿天和多方奔波调研，终于形成可行性报告，成功立项，争取资金，组建队伍。1985年，太原矿山机器厂制造了大型综合采煤机，其质量明显高于英国产品，价格只是进口产品的四分之一。采煤机除了满足国内企业的需求，还出口到俄罗斯、印度等国。

1991年的春天，全国总工会邀请百名全国劳模到北京参加"五一"庆祝活动。作为全省工业系统唯一的代表，宿天和与申纪兰、郭凤莲、宋立英等全国劳模一起来到北京，欢庆了"五一"这个劳动者的节日。

2019年9月，中共中央国务院、中央军委向新中国成立前参加革命工作至今仍健在的老战士、老同志和获得过国家级表彰奖励及以上荣誉并仍健在的人员颁发了"庆祝中华人民共和国成立70周年"纪念章，屡获殊荣的宿天和也收到了这枚珍贵的纪念章。

"庆祝中华人民共和国成立70周年"纪念章 2019年 梁新民提供

永不褪色的照片

讲述：王桂珍　芦培晶　闫春荣

采访：黄　珊

背景

　　一幅照片就像是特定时代的一个切片。从20世纪50年代的一张黑白照片开始，在摄影技术与艺术发展的脉络中，借着手工上色照片那永不消褪的色彩，我们可以读到照片中一代人的精神气质，引发更多对于历史的充满温情的回忆。

　　王桂珍家的五斗柜上摆放着一张十英寸彩色单人照片。这张照片的用光、上色极其考究，与其说它是出自工业时代的产品，毋宁说更接近大师笔下的油画肖像。1959年春节，28岁的王桂珍拍下了一张黑白照片，几年后，她请太原最出色的照相师傅之一——华昌照相馆的刘尚玉师傅将照片放大后手工上色。手工上的油彩颜色，层次丰富，细腻柔和，历经六十年而不褪色。照片中的主人公，深棕色的头发，脸上泛着淡淡的红晕，中式罩衣面料纹理繁复……照片努力还原了生活丰富的颜色。

得天独厚的高级彩照

照片手工上色是在没有彩色照片技术之前，对黑白照片进行二次创作，用现在的话讲，是对原始照片进行后期处理。这一技术最早可追溯到19世纪40年代，在我国则是在电影文化开始流行的民国时期开始的，特别是在广州、上海这些大城市，明星频出，人人留影，上画报，直接推动了照片上色手工工艺的发展。20世纪五六十年代，人们会在照相馆的橱窗里摆上各种彩色照片，以吸引顾客。

一张好的手工着色照片工艺复杂。用毛笔、铅笔修复底片上的瑕疵，然后放大至所需尺寸，再用药水擦色。据王桂珍介绍，当时业内人士把这个过程叫"吃黄"，即把普通黑白照片处理为怀旧风格。照片冲洗晾干，才开始正式上色。先用白色打底，逐层上色，层层递进，该暗的地方加深，该亮的地方上高光，过程如同女孩子化妆。服饰、背景的色彩要靠师傅的生活经验和审美爱

20世纪60年代末手工上色照片
1959年　王桂珍提供

好来确定。

　　一名熟练的手工上色师一天最多只能制作两至三张照片。后来稍大规模的照相馆采取了流水作业，即先由一名上色师专门为脸部上色，再由一名上色师为衣服上色，这样在一天里可以制作出二十至三十张完美的手工上色照片。

　　因为工艺繁复，手工上色照片始终价格不菲，而这样的照片在王桂珍的相册里有十几张，远远超出了普通人家。这可不是因为她家有多么富裕，而是得益于她的职业。

　　王桂珍出生于1931年，1952年考入山西省农牧厅，成为一名实习讲解员。当时农牧厅经常在文庙举办农业生产主题展览，她负责解说。三年实习期满后她转正成为一名有正式编制的农牧厅干部。

　　因为工作认真细致，1960年，单位选派王桂珍与一名同事去北京农展馆下属的北京农业电影社学习，从2月至11月，学习了整整十个月。同期学员有六十多人，分别来自全国的三十多个地市。在老师的悉心指导下，他们学会了摄影、暗室洗相放大和手工上色等技术，还在室外实习拍摄飞行状态的飞机和运动状态的人物、车辆。这是一段非常愉快的学习经历，除了学业上的收获，王桂珍对学习期间的待遇印象深刻。记得电影社有宿舍有食堂，吃饭管饱还不收粮票。到了五一、十一假期，电影社还组织学员们去附近的广场跳舞。每逢周日休息，王桂珍就和同学一起去北京附近的著名景点游玩，去过北海公园、故宫，爬过香山和长城。

　　回太原后，王桂珍到新建成的农展馆上班。当时正值困难时期，吃饭成了大家面临的共同问题。她和同事们在院子里种粮种菜，白天干活，下班开会，忙得不亦乐乎。

但王桂珍心里始终放不下摄影技术，同时也是为了就近照顾孩子，她申请调到南宫工人摄影社，负责在暗室冲洗照片。

南宫工人摄影社组建于20世纪50年代，日常工作是为各大企业的工人师傅拍摄标准照、劳模单人照、单位集体照，费用比其他照相馆低一些。最忙的是1963年，那年3月5日，毛主席发出"向雷锋同志学习"的号召后，全国各地掀起了学习雷锋的热潮，部队、机关单位、公社都在张贴雷锋像，各家照相社加班加点放大冲洗，但雷锋像仍然供不应求。那段时间王桂珍每天都要忙到半夜才能回家。

冲洗照片有标准流程，同时还需要在现场根据实际情况随时调整曝光时间。如果发现上色太浅，用手轻轻揉搓揉搓，眉毛、眼睛就会逐渐显现出清晰的轮廓，像变戏法一样。因为手常年泡在药水里，王桂珍和很多洗相师傅都有职业病——手指关节变形。

1966年，王桂珍随南宫摄影社的十几名同事被分配到太原手工业管理局下属的华昌照相馆、鼎章照相馆、坞城照相馆等商业单位。在华昌照相馆，王桂珍遇到了当时技术出众的刘尚玉师傅，除了工作上相互配合，她还享受到了特殊的待遇——刘师傅为她放大后上色的一系列照片保存至今。

1982年，女儿结婚时，王桂珍已经从华昌照相馆调到鼎章照相馆，后来又调到和平照相馆。她请和平照相馆摄影技术最好的曹爱民师傅为女儿和女婿拍了结婚照，并且再次请华昌照相馆的刘尚玉师傅为这张结婚照手工上色。照片摆在新房里，效果特别好，让来宾们赞叹不已。

女儿和女婿的结婚照　1982年　王桂珍提供

彩照记录人生高光时刻

在生活并不富裕的年代，在照相馆拍照是件隆重的事，能在春节拍张全家福、好友相聚时留下友谊长青的照片，已属难得，手工上色照片更是屈指可数。芦培晶的一张军装照就记录了他的人生大事件。

1968年，芦培晶光荣参军，成为驻扎在河北保定的一名陆军士兵。1971年春节前，部队宣布了当年的退伍人员名单，他的名字也在其中。越是临近归期，心中越是不舍。实在舍不得脱下这身军装，于是他约了与他同年入伍、这次也同期退伍的太原战友，两个人在照相馆穿着军装拍了一张合

芦培晶的军装照　1971年　芦培晶提供

影，作为珍贵的留念。

复员后，芦培晶被分配到太原矿山机器厂，成为一名车工。与车间的工友们慢慢熟悉之后，大家开始分享一些共同的话题。比他年龄稍长的工友悄悄传看照片时，把他也叫上了。这就是当年流行的手工上色彩照。芦培晶打听到，照片是在解放路上的解放照相馆放大上色的。他拿上与战友的合影，找到照相馆，和师傅说了自己的要求：扩印一张单人的，手工上色。几天后他取照片时，师傅跟他说：你这个小后生还挺喜人的（太原话，有魅力、长得帅的意思），给我们多介绍几个给照片上彩的。后来芦培晶还真推荐了同车间的工友们去他那里给照片上色呢。他这才了解到，为照片手工上色当时是传统照相馆一项重要的业务类型与收入来源。

彩照里藏着女孩子的小心思

手工上色照片价格不菲，却也阻挡不了人们对美的追求。闫春荣在14岁时解锁了DIY水彩上色技术。

1976年"七一"，闫春荣所在的太原十三中初二（41）

班，在学校组织的庆祝活动中，表演了舞蹈节目《赞歌献给共产党》。演出非常成功，小演员们穿着借来的各民族服装，舍不得卸妆，兴高采烈地直接跑去照相馆拍下了一张合影。闫春荣自己又分别穿着朝鲜族服装、新疆维吾尔族服装拍了单人照。

照片取回来一看，色彩艳丽的演出服到了照片上成了平淡的黑白两色，让人遗憾。她产生了为照片上色的想法，可一打听，价格之高，作为一名初中生想都不敢想。可这难不倒闫春荣。手工上色有水色、油色之分，其中水色是使用水彩上色，操作相对简单。当时闫春荣正在学校美术组学习素描、水彩，于是就从文具店买来了专门为照片上色的透明水彩，把集体照和她的两张单人照都上了彩。虽然技艺不够纯熟，不过，这第一次自己动手制作的彩色照片让她得意了很久。

演出结束后的集体照　1976年　闫春荣提供

1978 年，闫春荣在十三中上高中时，女生中开始流传"逆光照"，即底色为纯黑色的黑白艺术照。这年冬天，闫春荣穿着由父亲单位发的灰蓝色工作服改成的上衣，围一条米色围巾，在钟楼街的开明照相馆拍了一张这样的逆光照。过了一周去取照片，从相袋里拿出来一看，照片中的女孩子青春洋溢，笑容灿烂，当时她就咧嘴笑了：好看，真是好看！

接下来，她过了两个月的"苦日子"，把零花钱攒起来，拿上底片到桥头街照相馆，请师傅把这张逆光照放大、上色。考虑到顾客是这么漂亮年轻的女孩子，师傅把她穿的衣服绘制成枣红色，围巾绘制成姜黄色，这两种色彩搭配起来有一种说不出的和谐美好。这是闫春荣最满意的一张照片。

改革开放之初，海外的亲人陆续回国探亲，用带回来的彩色胶卷记录下处于变革中的人们的家庭日常生活，但当时这些胶片还需要带到国外冲洗、加印，再寄回国内。

闫春荣的逆光手工上色彩照
1978 年　闫春荣提供

20 世纪 80 年代中期，彩色胶卷逐渐普及，一句广告词也进入太原人的视野，"你只需要按动快门，其余由我们来做"。1983 年，太原展望图片社成立，主营冲洗扩印彩色照片业务。一夜之间太原掀起了冲洗彩照的热潮，洗照片的人蜂拥而至。业务最为繁忙的 1986 年，机房里两台扩印机二十四小时连轴转，工人三班倒，最多的一天冲洗出六万张彩照。从此，手工上色技术逐渐淡出大众视野，手工彩照成为老照片收藏中的独特门类。

到祖国最需要的地方去

讲述：黄汉寿

采访：黄　珊

背景

"到农村去，到边疆去，到祖国最需要的地方去。

到农村去，到边疆去，到革命最艰苦的地方去！

祖国啊祖国，养育了我们的祖国！

要用我们的双手把你建设得更富强！"

从20世纪60年代初开始，无数年轻人唱着这首歌，坐上列车，去往祖国最需要的地方——新疆、西藏、内蒙古、山西……他们将生命中最美好的时光献给了那片土地。

从南方到北方

我是南方人，出生于广西贵港。1960年参加高考，那时候当地的口号是"过长江跨黄河考到北京去"，我报考了北京师范大学。

新中国成立后，国家对化肥工业高度重视，从"一五"计划起，投入大量资金用于发展化肥生产。特别是从广播和报纸上了解到化学家侯德榜的事迹后，我对化学的兴趣与日俱增。侯德榜创制的侯氏制碱法开创了世界制碱工业的新纪元。1957年，为发展中国的小化肥工业，侯德榜倡议用碳化法制取碳酸氢铵，他亲自带队到上海化工研究院，与技术人员一道，使碳化法氮肥生产新流程获得成功。这种小氮肥厂，为我国的农业生产做出过不可磨灭的贡献。

我选择就读北京师范大学化学系。说实话，入学时自己确实没有想到，我会与侯德榜创制的小化肥模式打十一年的交道。

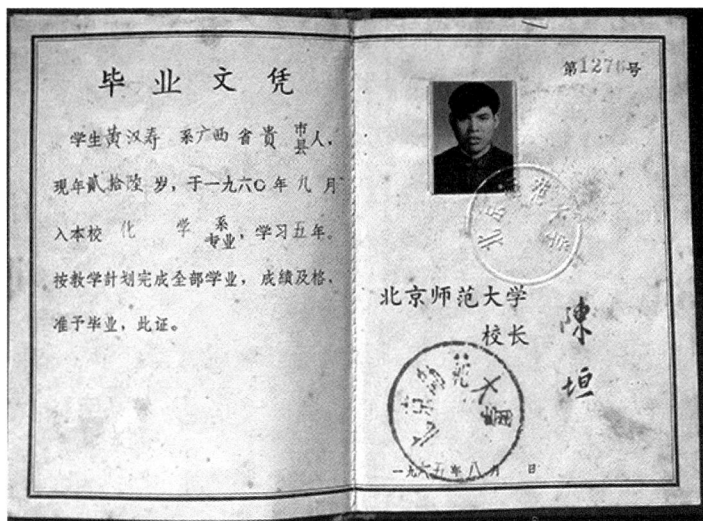

北京师范大学毕业证书　1965年　黄汉寿提供

北京师范大学毕业证书　1965年　张桂珍提供

　　经过四年的大学生活，1965年，我们北师大同期的五十多名毕业生服从分配来到山西，支援山西建设。我和爱人张桂珍满怀热情背着行装向雁北朔县（现为朔州市）进发。那一年分配特殊，我们被直接分配到基层。我被分到朔县一中，爱人被分到朔县师范学校。

　　雁北属于寒冷地区，冬季气候更是恶劣，一年中有近八个月需要穿棉衣。刚到那里很不习惯，晚上睡在火炕上，口干舌燥，皮肤干燥缺水，痒得难受。雁北有三件宝，莜面、山药蛋和羊皮袄。这三样东西固然是宝贝，但也从另一方面说明了当地生活条件的艰苦。

　　当时雁北地区粮食供应的比例为百分之十五细粮，百分之八十五粗粮。由于我是南方人，每月还会供应五斤南方大米。主食以粗粮为主，有时也会用红豆做成豆馅，做成玉米豆包。改善生活的时候，就吃上一顿玉米面压的面条，因为吃起来很硬，又被当地人戏称为"钢丝面"，比窝头好吃些。

政府为解决粮食问题，出台了一系列重大的农业发展计划，其中就包括加强化肥生产。化肥被誉为"粮食的粮食"。当时雁北地区没有一家化肥厂，于是地区行署计划在怀仁县新建化肥厂。因为我的专业是化学，地区组织部就把我从学校调出来筹建雁北红卫化肥厂（怀仁化肥厂的前身）。1968年年底，我带领新招的五十多名工人与在上海招募的三十名知识青年，一起到上海奉贤化肥厂培训学习各个岗位的操作技术。

在奉贤化肥厂考察学习　1969年　黄汉寿提供

学习了近一年时间，我带领近九十名工人一起回到红卫化肥厂参加建设。一切都是从零开始，厂里没有厂房、没有宿舍，白天在厂里加班加点建厂房，晚上我和工人一起住在车马店的大通铺。一年后化肥厂宿舍与厂房全部建好，开始试车投产。培训过的工人在化肥厂建成后基本能够运用学到的知识，掌握各个岗位的工艺流程、生产原理和操作技术，雁北地区的第一个化肥厂就这样顺利试车投产了。投产后，化肥厂很快就能达到设计产量的80%，产品质量稳定，受到当地农民的欢迎。

从培训工人到建厂生产，我在怀仁化肥厂干到1971年，后来又先后参与了应县、天镇化肥厂的筹建工作，不定期地进行技术指导。同年我被调到才投产几个月的阳高县化肥厂，主持化肥生产技术工作。

在雁北各个小化肥厂的建设过程中，加班加点是常事。因为不能按时吃饭，我患上了严重的胃病，每天必须吃药，一直到现在还没有完全恢复。在工厂里，我和工人打成一片，勇于革新，成绩优异，深受工人师傅的喜爱和上级领导的赞扬，几乎每年都被评为县级、地级先进工作者，模范共产党员，1975年还被评为省级先进工作者。1976年1月8日，《人民日报》头版发表通讯，称我"没有知识分子架子，不怕苦、不怕累"。

《人民日报》头版的通讯《夸夸我们厂的新干部》 1976年1月8日 黄海英提供

从"化肥厂"到"教育厅"

1977年，由于"文化大革命"的冲击而中断十年的高考制度得以恢复，中国由此迎来了尊重知识、尊重人才的春天。教育战线缺少师资及管理人才。1979年，我被调到山西省教育厅从事教学研究工作，直到2000年1月退休。

在教育部门工作的二十年间，我经常深入教学第一线，山西的113个县，我就走过108个县的500多所学校，亲自指导教学。其间曾负责过多次中考命题和高中会考命题，组织和编写山西省中小学劳动课教材，组织和编写山西中小学教学辅导用书，开展中小学一些学科的教学改革试点，促成了

1985年山西中学化学研究会的成立，并当选会长至今。1994年，我被评为山西省中学特级教师。

山西省中学特级教师证书　1994年　黄汉寿提供

"乡音无改鬓毛衰"，在北方生活了将近六十年，我自己感觉说的是标准普通话，别人听起来其实还是带着浓重的南方味儿。在北方待久了，早就习惯了这里的饮食，常常做大烩菜、油糕、焖面这类标准的北方饭菜，反而不再爱吃海鲜类的东西。只是逢年过节，还是忘不了家乡的肉粽和荔浦芋头，老家的侄子、侄女会专门寄给我尝鲜。

迄今为止，我在山西已经待了整整五十五个年头。我和爱人把一生中最美好的时光奉献给了这片黄土地。我家住在滨河路边的高层楼房，我每天都能清晰地看到城市日新月异的发展变化，想到这其中有我们的汗水与努力，就颇感欣慰。

学习无线电知识从娃娃抓起

讲述：杨开国

背景

　　新中国成立之初，我国电子工业基础薄弱。收音机都是进口，或为进口元件组装。后接受苏联技术援助而统一采用苏联式标准制造收音机。20世纪60年代，遭遇技术封锁后，我国认识到独立自主发展高科技的重要性，掀起了自行研究和制造无线电收音机的热潮，在中小学校大力提倡学科学、爱科学的风气。民间组装无线电收音机的热情一直持续到70年代末。

我与矿石收音机的故事

　　20世纪60年代初，我家在哈尔滨军事工程学院大院居住。当时家里有台带唱机的收音机，全家人把它当宝贝。父母靠它听新闻，老人用它听戏剧，我们小孩子用它听中央广播电台的少儿节目。那时候的收音机，可真是家里最贵重的奢侈物品，全家人特别爱护，大人们规定，不许小孩子们乱动，想要听节目，必须由大人来操作开和关。这就使我对收音机产生了神秘感。

那时我还不到十岁，我很奇怪这个小小的匣子为啥能说话还会唱歌？匣子里难道钻进了袖珍人吗？他们到底长什么样？

有一天，父亲有位搞无线电的学生，来家里帮助维护保养收音机，我好奇地站在旁边观看，惊奇地发现，打开木匣子后，里面哪有什么袖珍人，尽是一些大小不一的玻璃管，有的像小炮楼，有的像小地堡，有的像医生打针用的注射器，还有的像个小草帽……红、黄、绿、蓝的线，布满机座的底板，看得我眼花缭乱。我这才朦朦胧胧知道，原来收音机的主要配件是由电子管组成的，所以人们才把它叫电子管收音机。

哈尔滨军事工程学院，属国防科技的尖端院校。大院子弟所在的建军小学校，不仅重视教书育人，而且崇尚知识，学科学爱科学氛围很浓。尽管那时国家经济还处在困难时期，但无线电的发展却一直不断。在全社会推动促进无线电发展的氛围中，矿石收音机也火起来了。当时，推广普及科学知识真是从娃娃抓起，许多同学都把学知识爱科学，长大当科学家，当成自己的人生目标。在学校老师的组织下，许多同学都积极参加了学校组织的制作航模、学习无线电、制作放映幻灯等课外活动小组。

我当时也参加了无线电小组，学习制作安装矿石收音机。在少先队辅导员文良钧老师的指导下，我开始学习制作矿石收音机的全过程。为了弄清矿石收音机的构造原理，我除了听文老师的讲解，还特别爱往和我住在同一个宿舍楼但不是同一个单元的小伙伴邓科家跑，专门去找他的父亲，咨询关于无线电知识和制作矿石收音机的注意事项。当时我还是一个毛孩子，而邓伯伯是在大学里教授无线电的专家，但不管我提多少问题，邓伯伯都热情耐心地给我讲解。当时我父母老提醒我，说邓伯伯很忙，时间宝贵，不要打扰太长时间。但我一提起问题来就没完没了，甚至影响到邓伯伯吃饭和休息，但邓伯伯从来没有架子，总是不厌其烦地为我讲解。为了让我加深理解，他还主动将他家订的《无线电》杂志借给我看。

在学习安装矿石收音机的过程中，我和许多有着共同爱好的同学也加强了交往。记得与我住在同一座楼的朱抗生同学也非常喜欢无线电。他装了矿石收音机后，免不了晚上

矿石收音机　20世纪五六十年代

山西传媒博物馆提供

要收听节目，他外婆怕影响他第二天上学，就跟他说："你再听矿石收音机不睡觉，我就到学校告你状去！"他问："你告我啥？"外婆说："告你不睡觉，还每天晚上偷人家的电。"他笑得前仰后合，跟外婆解释："这矿石收音机不用电，从房顶拉到屋里的那条线，是天线，和电没有一点儿关系！"他把这类事儿讲给我们听，我们都乐了。

就这样，我们不断交流切磋，互相取长补短，我逐渐明白了矿石收音机的构造原理，知道它是用矿石做检波器、没有放大电路的一种最简单的收音机。它的优点是不需要电源，线路简单易制作，能够引导初学者钻研无线电知识；缺点是声音小，混台杂音多。

我到现在还清楚地记得当时所用的材料：矿石、耳机、可变电容器、固定电容2200p导线、漆包线、天线和地线等。

装一个最简单的矿石收音机，基本要分三个步骤：

第一步，用六毛钱买一个比铅笔杆儿粗、长两厘米、两头为椭圆形、像个小炸弹似的矿石柱及固定架；或者用一元钱左右买一个直径为大拇指粗、两厘米长的玻璃管式矿石及固定架。然后按图纸说明要求，将矿石固定架安装在香烟盒大小的三合板上。

第二步，就是解决天线和地线的问题。因我家住的是楼房，我们就用砂纸对暖气管或水管接头处进行打磨，然后把作为引线的细铜线固定在打磨处，这样地线问题就解决了。天线可以在自家室内墙顶部墙角绕半圈铜线，或者将一根长木棍顶部钉成二十厘米见方的"十"字形小板，在"十"字形小板上钉一排排小钉子，再把细铜线环绕在小钉子上，形成蜘蛛网形的天线，可将其固定在晾台或窗外，用一根电线引入屋内即可当天线。当然，若把天线架在没有遮蔽物的楼顶，效果最佳。所以，我们有时还要悄悄地爬到大楼房顶上，在楼顶架一根横线，再从横线一端的附近把电线引入家中，这样名副其实的天线就诞生了。解决了天地线，将天地线和耳机线插入矿石固定架的两端，耳机里就可以同时听到多个电台的播音了。尽管声音杂乱，有时电波强的台比其他台的声音大，但稍微拨动一下矿石，就可起到调台或减少噪音的作用。

第三步，在矿石基本可收到声音后，想办法将矿石固定板放入肥皂盒或者仿制的香烟盒内，起到装饰和保护的作用。记得当时我利用玻璃管式的矿石，把矿石收音机制作成一匹小马的造型，矿石前边为马头；后边是马尾，马尾是可以转动的，可以代替拨调矿石的转钮；用四个接线柱当马腿，两个接天地线，两个接耳机听筒线。小马造型的收音机很有艺术感，受到文良钧老师的表扬，并被推荐到哈尔滨市少年宫参展。

科技发展的轨迹

大约又过了不到一年，随着晶体管技术的发展，无线电行业又兴起用二极管装收音机。我根据装矿石收音机的道理，将二极管嵌入大耳机内，从耳机内引出三根短线，一根当天线，另外两根代替开关线，这样拿着收音机走在路上也能简单地收听节目，我又一次受到老师的赞赏。

后来，我还和同学一块摸索着自己组装过单管半导体收音机、两管及带喇叭的四管半导体收音机。1958年，新中国第一台半导体收音机在上海诞生，之后半导体收音机逐渐普及，成为百姓家中的寻常物，那种像纸箱子一样大的收音机变成了收藏品。

熊猫半导体收音机　1971年　高玉平提供

由于童年有过这样的一段经历，我一直对收音机有一种特殊的感情。我当年亲手组装制作的矿石收音机也曾被保存过几年，但最后还是遗憾地不知所踪了，就连矿石收音机这个名词也快消失了。

后来，我随父母回到太原上中学。家里的那台带唱机的老式电子管收音机一直没舍得扔掉，至今还是我珍爱的收藏品。

这些年，随着互联网的迅速发展，人们只要有一部手机，就能随时随地听到和看到各种节目和信息了。从矿石收音机到电子管收音机，到半导体收音机，再到今天的网络收音机，这就是科技发展的轨迹，人类社会前进的步伐谁也无法阻挡。

带唱机的电子管收音机　20世纪50年代　杨开国提供

冰上好年华

讲述：武之乃

采访：胡晓燕

📖 背景

"伟大领袖毛主席教导我们：发展体育运动，增强人民体质，提高警惕，保卫祖国。现在开始做广播体操。原地踏步——走，一二一，一二一……"洪亮的男中音伴随着激扬的旋律响起，千百人同做广播操的盛景让人激情满怀。

20世纪六七十年代，这亲切而熟悉的旋律伴随着人们度过童年、少年，上了大学，走上工作岗位。这道独特的风景对很多人来说是一段温暖的记忆，也是我国发展群众体育运动的一个缩影。

首届冰上运动会

1953年，"发展体育运动，增强人民体质"口号提出的第二年，从小爱蹦爱跳的太原三中学生武之乃，作为太原市少年组的一名选手，第一次参加了省运会的田径比赛。这为他的体育生涯打下了基础。

20世纪50年代，我国在先后公布三套广播体操的同时，又学习苏联的"劳卫制"，即"准备劳动与保卫祖国体育制度"。那时候学校要求每个学生都要参加"劳卫制"锻炼，特别是毕业班的学生，体育必须通过"劳卫制"等级测验，拿到证书才能毕业。"劳卫制"的检测项目很多，包括田径、体操、举重等，这些项目贯穿着速度、力量、耐力、灵巧，是对人的身体素质的全面锻炼。"劳卫制"有证书、证章，凡通过一个级别的检测，就能获得一张精美的证书和一枚证章。证书和证章是健康和荣誉的标志，武之乃对此非常珍惜。

1954年，武之乃参加高考，成绩与报考的医学类院校的录取分数线差五分，没能如愿上自己心仪的学校。因为报志愿时，班主任填写了"该生体育特长"，武之乃服从分配，被调剂到培养体育教育工作者的山西大学体育系，从此与体育结缘。

1957年，武之乃大学毕业，被分配到太原市十二中，成为一名体育老师。1959年，他考取留苏预备生，赴哈尔滨接受苏联、捷克专家的滑冰训练。在那里，他第一次接触到冰球。这项发源于加拿大的运动，滑行路线多变，击球技巧多样，攻防对抗激烈，一下子就把他迷住了。

回到太原后，武之乃产生了一个念头：学校附近有丰富的水系资源，西海子、饮马河、动物园（现龙潭公园）、人民公园（现文瀛公园）……这些地方，一到冬天，便形成天然的户外冰场。何不利用这个有利条件，扩展体育教学的内容，多渠道培养学生的兴趣爱好呢？

说起滑冰，武之乃在大约七八岁的时候就开始玩了。那时候，滑冰鞋是个稀罕物，没有滑冰鞋，他就在一只鞋底上钉上铁丝，然后另一只脚一蹬地，就可以滑了。后来在开化寺附近的旧货市场上，武之乃花两块钱买了一双二手花样冰鞋。这双冰鞋让他的童年充满了欢乐。

武之乃希望自己的学生也能体会到滑冰的乐趣。那个年代，冬天气温比现在低得多，每到数九寒天，武之乃便和体育组的老组长张庆芳因陋就简，带着学生自己泼水做冰场。他们先把地整平，垒起土坝，防止水外流，然后再用热水一层一层泼。不能贪快，等到一层一层都冻牢实，厚度达到十厘米左右，简易冰场才算完成。他们利用市教育局调拨的七八十双简易木板冰鞋，开设了滑冰课，在学校开展了普及性的滑冰训练。在校园里熟悉了冰上的基本练习后，他们就把学生带到学校附近的动物园进行实地训练。

至今，武之乃都记得学生们第一次来到冰场时兴奋的样子："一个个就像小鸟飞出了笼子，穿上冰鞋新奇不已，兴趣一下子就被激发出来了。滑冰，不仅可以调动学生参加户外运动的积极性，最主要的是能够锻炼学生的平衡能力，增强他们的体质。"

武之乃在太原市的中学生中首创了滑冰课程，并着手组建太原市十二中青少年冰球队。冰上运动不仅受到学生欢迎，全市许多中学的体育老师也慕名前来学习借鉴。不久，太原市的多所中学都开设了滑冰课，越来越多的中学生来到户外，走上冰场。

1962年冬季，十二中在动物园举办了首届冰上运动会，包括速滑、花样、冰球三项赛事。全校师生顶着刺骨的寒风来到比赛现场，站在湖岸上观赏。校领导宣布运动会开始，全体参赛师生穿着冰鞋鱼贯而入，飘然绕场一周。由数学老师阎振琪和几名女队员表演的花样滑冰，使现场气氛顿时热烈起来。

比赛正式开始，首先是五百米、一千米速滑赛。随着一声枪响，小伙子、姑娘们像箭一样飞出，海燕般轻盈地在冰上掠过，漂亮的动作赢得全校师生的一阵阵欢呼。校冰球队的表演赛也颇受欢迎。队员们穿梭在冰面上，小小的冰球在脚下飞来飞去，令人眼花缭乱，应接不暇。观众时而为惊险的动作屏住呼吸，时而又为赢球的一方欢呼雀跃，好一派生龙活虎的场景！这次冬运会已经过去五十多年，但看到当年的照片，武之乃依然十分兴奋和激动。

十二中首届冰上运动会，教工与学生冰球队的合影　1962年　武之乃提供

市民们的冰上运动

　　20世纪50年代末至90年代初，在太原市，冬天有许多冰场。

　　西海子冰场是由太原市委文教部倡导，市教育局和市体委合力修建的。人民公园冰场、迎泽公园冰场、动物园冰场都是公园主管，市体委派一至两名专业人员协助组织活动，开展比赛和冰上辅导等工作。其中迎泽公园冰场面积最大最正规，有四百米跑道，中间开设了花样滑冰区和冰球区。人民公园冰场在50年代和60年代初，是省速滑队的训练基地。队员邢望安、刘雄弼都是从十二中挑选出来的，赵文丽是从七中选拔出来的。这些队员训练刻苦，在全国冬运会上都达到了国家一级运动员的水平。西海子冰场一直是太原中学生的冬季体育课堂，从60年代至90年代初，十二中、三十中、十五中、七中等学校都在西海子冰场上冬季体育课。一进入冬季，这里每天上午就是学生专场。天气虽冷，同学们却都非常兴奋，身体都达到了学生体育锻炼标准。另外，太原师专、十七中、五中等学校则在迎泽公园冰场上课，动物园冰场是十二中、冶金工业学校和新建路小学等学校的滑冰基地。

除了迎泽公园、西海子、人民公园、动物园这些地方，一些大学、中学也自建冰场，最多的时候，全市共有三十多个冰上活动场所，每天的滑冰人数达上千人。

这些露天冰场的开放，丰富了太原市民的节假日生活。70年代，每年春节，政府都要组织迎春滑冰运动会，武之乃和冰场负责人一起组织起队伍，大年初一在迎泽公园冰场表演，初二在西海子冰场表演，群众热情高涨，存车处的自行车都满了，一直排到马路上。仅在迎泽公园冰场，就举办过四次大型的全省冰上运动会。

滑冰在群众中日益普及，太原市的滑冰运动也涌现出不少人才。50年代，滑冰老前辈王廷义获得全国冰上运动会速滑一万米第四名；山西大学学生狄美姜参加华北冰上运动会，获得女子花样滑冰第五名。60年代中期，十二中的赵福元参加全国少年滑冰通讯赛五百米，获得第一名；公园路小学的刘远东代表太原市参加全国少年儿童沈阳站比赛，获儿童组五百米全国第八名。1959年，武之乃任山西代表队领队兼裁判员，带队参加了在黑龙江哈尔滨举办的第一届全国冬运会。1974年，武之乃作为教练，带领山西省少年速滑队赴黑龙江牡丹江市参加全国冰上运动会。

自20世纪50年代起，群众性体育运动在我国蓬勃发展。五六十年代，太原市每年举行一次元旦环城跑，路线是从五一广场出发，沿新建路、府西府东街、五一路，又回到五一广场。大中小学、机关团体、厂矿的参加者，经常有大几千人。60年代后期到70年代初，每年的7月16日，组织"7·16"横渡晋阳湖活动，由解放军护航，两边救生船跟上。百人为一个方队，有解放军方队、少体校方队、十二中方队、群众方队……场景颇为壮观。

那时，府东街的杏花岭体育场是太原市最大的体育场，很多学校乃至厂矿、企业的运动会都在这里开，就连国内的不少重要体育赛事都在这里举行。毫不夸张地说，这里见证了山西乃至国家体育历史的辉煌。

从80年代开始，滑旱冰风靡一时，许多大的厂矿、电影院都建起了旱冰场。

武之乃是在"发展体育运动，增强人民体质"口号的感召和鼓舞下成长起来的一代体育人。武之乃始终坚信这句话，而他自己就是最好的例子。多年坚持不懈的运动锻炼，让如今已进入耄耋之年的他，耳不聋眼不花，爬楼梯上五层楼不成问题。他还常常骑着自行车到处跑。武之乃说:"医保卡里的钱基本没用过,因为根本就没生过病。"

一身淡紫色的运动服,一双黑白相间的滑冰鞋,武之乃手持冰球杆,如一只敏捷的燕子,飞舞在零下四五摄氏度的滑冰场里。如果不说,谁也看不出他今年已85岁了。每个周四和周日晚上的七点半到九点半,武之乃都会准时出现在平阳路上的铭星冰场。他说,要挑战一下年龄,只要身体允许,就会一直坚持下去,再多培养一些孩子,把更多的青少年引导到冰上来,把太原市的滑冰运动传承下去。

冰场上不老的传奇 2015年 武之乃提供

建筑公司女机械工

讲述：岳春青

背景

1954年，新中国第一部《宪法》明确男女平等原则，规定"妇女在政治的、经济的、文化的、社会的和家庭的生活等各方面享有同男子平等的权利"。男女平等作为宪法原则，体现了国家对妇女权利、价值、人格的尊重和保护，国家通过群众运动和行政手段使宪法原则在保护妇女人权、提高妇女地位中发挥了规制和引导的作用。如发动妇女参加生产建设、保障就业和劳动权利等，使妇女成为国家、社会、家庭和自己的主人，极大地推进了中国妇女解放进程。

我有工作了

1969年10月中旬，我听邻居阿姨说，山西省第五建筑公司三处在榆次招工，有一百三十多个指标，男工、女工都要。我在榆次招待所找到省建五公司负责招工的工作人员，问清楚基本要求，立马就去居委会开上介绍信，报了名。

几天后，收到体检通知书。体检在榆次市五公司宿舍卫生所进行。一百三十多名年轻人早早来到卫生所，排队等候体检。卫生所的墙上画着一条两米长的竖线，旁边标着尺寸。招工要求女同志1.58米以上，我个头稍微不足。轮到我测身高了，我站在直线的前面，靠墙踮起脚跟站好。检测的护士光看头顶，不看脚，嘿，刚好1.58米！

在焦灼中等了两个月，12月中旬，我收到了报到通知，心中无比激动，我有工作了，可以养活自己了，而且是国企，大单位！街坊邻居、同学都羡慕我，说我运气好。当时我的同学、胡同里比我大两三岁的哥哥姐姐们，都是临时工，而我却幸运地成为一名国企的正式工，全家人都为这事儿高兴了好几天。

山西省建五公司工作证　1985年　岳春青提供

腊月初七，天寒地冻，我和同样是从榆次招工来的师姐搭乘公司的大卡车，赶往定襄县宏道镇无畏庄。

第一次坐大卡车，一开始扶住马槽站着。飞驰的汽车把路边的树木和电线杆甩在身后，光秃秃的老榆树枝随风摇摆，鸟窝眼看就要被吹散了。路上行人稀少，尘土飞扬。北风吹得我俩站不稳，慌忙坐下。风像刀子一样，打得脸生疼，我俩脸对脸搂抱在一起。棉衣棉裤都不太厚，冷风直往袖口裤口里钻，冻得眼泪鼻涕一起流，手和脚很快就麻木了。我们一边搓手一边用嘴里呼出的热气暖手，不时活动活动脚，防止冻伤。

车路过太原城北，看到太钢（太原钢铁集团）的大烟囱，司机师傅停下车，把他的棉大衣递给我俩。我俩当年都又瘦又小，一件棉大衣紧紧裹着我俩。越往北走风越大，天气越冷。

经过一路颠簸，下午三点多才到达定襄。我俩冻僵了，一时下不了车。两位师傅和司机连拉带扶，才把我俩接下来。

两位师傅扛着我俩的行李，把我们送到一户村民家里。一间平房，一盘土炕，一个小火炉，这就是我俩的宿舍。

安顿好住处，师傅带我们去吃晚饭。食堂在另一个村，只有一条土路，一脚踩下去，虚虚的黄土就钻到了鞋里。

第二天是腊月初八。一大早就听见师傅喊我俩吃饭，我俩吓了一跳。原来师傅就住在一墙之隔的邻院。我俩赶紧收拾利索，跑到师傅住处。师傅的房东送来一小砂锅黄米加红枣的腊八饭。

"一起吃吧，愣什么！"师傅说着给我俩先盛上饭。刚认识第二天，怎么好意思吃呢？师傅再三说："没关系，快点儿趁热吃。凉了吃，胃不舒服。"我俩互相看看，不知说啥好，很快就和师傅一同吃完了。这是我俩离开父母后吃的第一顿又香又甜又糯的腊八饭。

上班第一天，师傅领我俩去材料库房填表签名，领取劳保用品。一条劳动布背带裤，一副劳动布套袖，一件蓝布棉背心，一顶劳动布帽子，一双白色线手套，一盒凡士林油……领上全套的劳保福利用品，心里真是美哦。

下班回到宿舍，我和师姐迫不及待地穿上工作服。互相一看，发现裤子稍长。没关系，我俩把背带上边的扣子往里挪两寸，长度就刚刚好了。我和师姐把长辫子盘起来塞进帽子里，对着小镜子左照右照，正一正帽檐，好漂亮的女工！

穿着合身的背带裤，配上工作帽，戴上套袖，我俩还真是精干利索呢。再套上棉背心，这下，身体也从里到外都暖和了。

穿上全套工装去上班，我和师姐走在路上，也不嫌路面不平，一走一脚土……感觉北风也不那么刮了，阳光都变暖了。

从此，长达二十年的女机械工的生涯开始了。

土建土建，没土咋建

两年半的学徒期满，我跟师傅学会了操作多型号卷扬机、搅拌机、水泵等，还学会了排除简单的机械故障，顺利出徒了。学徒期间，每月工资是20.6元，出徒后是32元。出徒后第一个月开工资，那份喜悦至今难以忘怀。从此，我可以独立操控机器了。

女工合影，前排右一为岳春青　1972年　岳春青提供

对于女机械工，春风并不和煦，而是一把剪刀，剪掉了女孩的爱美之心。风吹日晒，我的脸和手都皱成了山药蛋皮。晋北风沙大，尽管戴着工作帽，我的头发里、脖颈处，还是吹进了细小的土粒，工作服上扑满了灰尘。我们经常自我安慰：土建，土建，没土咋建？遇到刮大风，张嘴就是一

口土。特别是开搅拌机的同事，机器一响，水泥飞扬，鼻孔里都粘着水泥面。数九寒天，坐在走风漏气的小木房里开卷扬机，我的手脚经常被冻肿，到了晚上又痒又疼。

结婚前，去食堂打饭，我们几个未婚女同志都是一个姿势：抱着搪瓷碗，羞答答不敢抬头。因为身边几乎全是男同志，他们说话很随便，常常开一些少儿不宜的玩笑。我们队共有280多名职工，女工才15名，少得可怜。幸运的是我们机械组，男职工有6名，因为有2名女职工调走了，还剩下6名女职工，因此正好男女对半。

当时的政策是男女同工同酬，只要是同工种同级别，福利、工资都一样。但由于建筑工地的工作性质特殊，每逢有重活、累活，都是师傅领着男同事干。拆卸机械零件是个力气活，我个子小，力气更小，既抬不动又拧不动大螺丝，只能给师傅当下手，帮着递工具，或者临时扶一下东西，协助完成修理任务。但是女同志天生细心、耐心，因此，清洗机械、给机械刷油漆等工作，都是我们干。女同志开机器多，男同志修机器多。

1975年1月30日，我和爱人经过两年恋爱，结婚了。怀孕期，师傅和组里的同事特别照顾我，脏活累活都是他们干，我只干轻松的工作。哺乳期，师傅和同事也总让我早几分钟下班。别看只早几分钟，我就可以三步并作两步回去给儿子喂奶，那种幸福感只有当妈的人才能体会到。

与恋人合影　1973年　岳春青提供

　　怀二胎到八个月的时候，队领导照顾我，让我到食堂帮厨，剥葱剥蒜，收拾菜窖，直到生产。

　　那时的产假是五十六天。产假过后，我在工地上干了半个月，被领导调到技术革新组，负责描图。我常常把技术员画好的图纸，拿回家里描图，既干了工作，又能照顾儿子。最吃劲的六个月过去了，我完成了描图任务，继续回工地当机械工。

艺多不压身

　　刚上班时，常听师傅说："人不压人，技术压人。"实践证明，此言千真万确。在建筑公司的二十年里，我始终按师傅的要求做。五公司机械科每年到工地检查一次工作。检查组的人员走到我们的工位，就机械方面的知识现场提问，我总能对答如流。在多次理论、实践考试中，我始终保持着优异成绩，自1980年企业开始涨工资升级，我一次都没落下过。

1988年9月2日，因工作需要，我被借调到和平小学教美术、管理图书等，结束了二十年的建筑女机械工的生涯。

在当机械工的二十年里，我过着集体生活，和同事一块上下班，一个食堂吃饭。我与几个好友同住一室，养成了处事大方、遇事包容、不斤斤计较的习惯。直到现在，只要知道朋友有困难，我都义不容辞，尽我所能去帮忙。朋友都说，我虽然个头小，骨子里却是个大女人。我想，这与我二十年的机械工生涯有关吧。

被评为"五好女工" 1985年 岳春青提供

解放鞋

讲述：张会珍

背景

　　20世纪50年代初，随着中国橡胶工业的起步，中国人民解放军从穿布鞋转变为穿解放鞋。除了军队大量装备以外，在新中国成立以后的很长时间内，解放鞋还是专业和业余运动员的主力用鞋，在很多大型比赛中都可以看到解放鞋的身影。解放鞋质量好，耐磨又轻便，一直深受大众喜爱。

小姐姐送我一双解放鞋

　　我的童年是在河北井陉老家度过的。20世纪60年代，吃饱穿暖仍然是百姓生活中的头等大事。当时我刚从太原回到老家，穿的鞋大都是买现成的，时间久了村里的人就说闲话了，说妈妈不会过日子，连双鞋都不会做。妈妈一直生活在城市，的确不会做鞋，回到家乡后，什么都得从头开始，包括我们一家三口的鞋。画鞋样、搓麻绳、纳鞋底，妈妈跟村里的大姑娘小媳妇从头学起。功夫不负有心人，经过一段时间的摸索，妈妈会做鞋了。

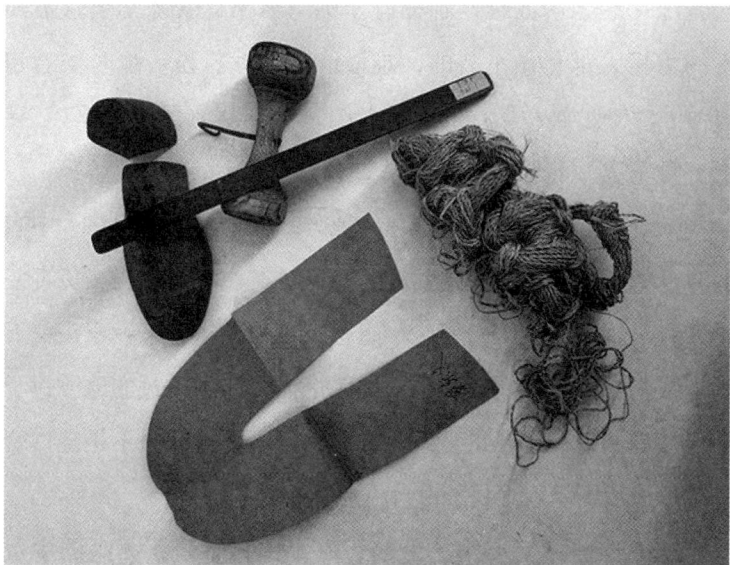

农村的做鞋工具　20世纪50年代　王秀萍、贾翠兰、张会珍提供

　　1964年春节，我穿上妈妈做的新鞋去给张家的长辈们拜年，不想让他们说妈妈不会做鞋了。新鞋的底子特别硬，鞋帮特别软，走起路来不跟脚，和后来穿拖鞋的感觉类似。回家告诉妈妈，妈妈把两只鞋的鞋帮上各缝了一根带子，这样就能带住鞋了。我那时小，不在乎好看还是难看，鞋穿上合脚就高兴了。

　　1967年过年期间，我约同学上山砍柴。井陉的山是石头山，踩上去特别滑，尤其是布底鞋。这时候我注意到同学脚上穿的是一双半旧的解放鞋，他说这是他叔叔退伍回来送给他的，橡胶鞋底，走山路一点儿也不打滑。这是我第一次见到解放鞋，好羡慕，想啥时候我也能有一双解放鞋呢？

1967年秋天，村里来了几十个知青，他们戴着绿军帽，穿着绿军装、解放鞋，别提有多帅。后来，我才知道这拨知青的家里人都是做军装的，难怪能有如此打扮。那时候有句口号："农业学大寨，工业学大庆，全国学人民解放军。"穿上一身军装，谁见了都羡慕。

知青刚进村时，没有吃住的地方，村里要求每户贫下中农暂时分管一个知青的吃住问题。我家是贫农，理所当然负责一个知青，她是一位小姐姐。小姐姐特别爱干净，来我家头一天就把我的小黑手抹上香胰子，洗了个溜光。她睡过的地方褥子铺得展展的，被子叠得整整齐齐。她每天下地回来不是洗这就是洗那，从不闲着。我不由自主地喜欢上了她。

知青们的到来，给这个偏僻的小山村带来了无限的生机和活力，带来了村里老百姓所不知道的大山外面的东西。有几个知青好像浑身有使不完的力气。我家房间比较大，别人家的几个知青经常晚饭后来我家谈天说地。有一次有位知青小哥哥带来了当时村里人从没见过的半导体收音机。通过小小的半导体，我开始了解山外，了解世界，了解了很多国家大事。知青的到来，好像满天的朝霞，照亮了偏僻的小山村。

有一天我吃了早饭要去上学，忽然看到窗户外面晾了一双解放鞋，是小姐姐的！我不管鞋晾干了没有，也不管合不合适，蹬在脚上就往学校跑，在同学们面前炫耀了一番。中午回家，我又悄悄把鞋放回原处，像做了一回贼似的。

知青们在各家住了十几天，生产队在饲养院腾出两间房子，把他们集中到一起住。知青姐姐搬走的当天，我上学去了，没赶上送她，中午放学回家，看见窗台上还晾着那双解放鞋，是小姐姐落下的！我拿起鞋就往饲养院跑，找到知青姐姐还给她。她说这双鞋是专门给我留下的，让我上山砍柴时穿，防滑。我拿着这双解放鞋，一步三回头地离开了饲养院。

我每天上学，知青每天下地，所以自他们搬到饲养院后，我就很少再见到他们，唯有那双解放鞋给我带来了无尽的温暖。

1969年，国家政策调整，我妈带我们返城，有些家什就留在了村里，知青小姐姐送给我的那双解放鞋也不知所终。

劳保鞋的变化

回到太原后，正赶上升初中，我惦记着再买一双解放鞋，可惜没地方买。看到有的同学穿"回力"大板鞋，上海产的。家里没门路，买不来，就买了一双山西大同生产的"同力"鞋，倒也不错。在当时那个年代，穿上一双白色大板鞋，走到哪里都能赚足回头率。

1976年，我参加工作，当了一名锅炉工，厂里每年发两双劳保鞋。我想这次要发解放鞋了，没想到，按规定锅炉工不允许穿胶鞋，怕火星溅到鞋上导致烫伤，所以劳保鞋都是翻毛大皮鞋，非常笨重，但对锅炉工来说非常实用。

转眼到了80年代初，人们开始追求美。几位锅炉工强烈要求厂里不要再给我们发翻毛大皮鞋，于是，厂里给每人发了一双当时最流行的伞兵靴，还是皮子的。我穿着这种鞋，觉得自己特别时髦。

1987年，新式的自动控制锅炉设备代替了原始锅炉，工作环境大为改善，劳保用品也随之更新换代。有一天工班长领回了劳保鞋，我打开箱子一看，满满一箱绿色的鞋，我以为是解放鞋呢，特别高兴。领到手后仔细一看，傻眼了，原来是电工绝缘鞋。解放鞋是黄绿色的，绝缘鞋更接近纯绿色，虽说质量不错，可毕竟不是解放鞋，略有遗憾。

1988年6月，我从太原乳胶厂调到太原轨枕厂，厂子变了，环境变了，工种也变了，我从锅炉工变成一名拖拉机驾驶员，负责给车间运送设备和物资。这是改革开放十年以后的事了，这时发的劳保工作鞋，也都换成了解放鞋，夏天是单的，冬天是棉的。从小梦寐以求的解放鞋终于可以穿个够了！厂里的工友问我为什么如此痴迷解放鞋，我笑而不答。他们不懂我的解放鞋情结。

保存至今的解放棉鞋和解放单鞋　20世纪80年代　张会珍提供

对于很多像我这个年龄的中国人而言，解放鞋是一个特别熟悉的时代记忆。今天，我在街上偶尔看到有人穿着老款解放鞋，就觉得特别亲切。国内外的设计师也不断从舒适耐用的解放鞋中汲取灵感，设计出各式各样的新国潮解放鞋，这些具有鲜明中国特色的解放鞋，走出国门，开拓了更广阔的市场。温暖的记忆，一直在延续。

新国潮解放鞋　2019 年　来自网络

修一条铁路到北京

讲述：王乐意

背景

　　京原铁路是首都通往山西的一条铁路干线。20 世纪 60 年代，由于国民经济迅速发展和国防建设的需要，"三线建设"计划被提上战略层面。京原铁路沿线虽不属三线建设规划地区，但因为特殊的地理位置，与成昆铁路及北京地铁一期工程同时列入建设计划。京原铁路的建成，对开发河北、山西两省山区，加速社会主义经济建设具有重要意义。

我报名上了京原线

　　从 1970 年 5 月 10 日到 1971 年 10 月，我参与了京原铁路的建设。那是一段非常艰苦的日子。

　　京原铁路跨河穿山，蜿蜒于太行山区，默默地匍匐在华夏大地上，通向远方。而参加京原铁路建设的历史也渐渐地沉寂在岁月的长河中，成为时代绝响。

修一条铁路到北京，第一次是我父亲告诉我的。时间记得很清楚，因为是在招工的前一天。1970年4月20日，父亲把这个好消息告诉了我。

"修一条铁路到北京，明天你早早地就去报名吧，小心迟了报不上。"就在前几天还在为公社来动员我去"上山下乡"而揪心的父亲叮嘱我。

第二天报名，填了表，就算报上了。

京原线在60年代末就动工了，东与北京地铁在八角村站接轨，西与山西省同蒲线相连，京原线一旦通车，北京的列车便可以经京原铁路到太原，南跨黄河到西安，经宝成铁路、成昆铁路，直抵西南。从太原市来的城市知识青年，组成了山西省铁路建设兵团第一师。

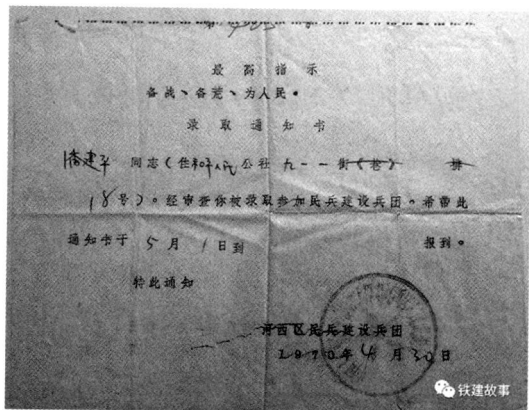

铁建录取通知书　1970年　刘滋兰、宋广莲提供

艰苦又热血沸腾的日子

5月10日，隐约记得那是一个晴朗的早晨，那年不到18岁的我和同学们怀揣憧憬和革命激情爬上了迎风北上的大卡车。在经过了一天的旅途后，我所在的铁建第一师三团六连一群人来到了繁峙县一个叫小屯的偏僻小山村。

我们这些城里娃第一次来到乡下，第一次面对面认识了农民，认识了农民的生活，接触到土炕、深井、煤油灯。

生活艰苦，我们的情绪却异常高昂，"三线建设炼红心，一生交给党安排"，战士们用原始的工具大筐和铁锹向机械化宣战，与时间赛跑。连队里军事管理严格，政治气氛浓烈，"七月大战""八月大战""国庆献礼"，一个接一个。在那个特殊的年代，一条铁路承担着国家的战略任务，一条铁路牵动着整个民族的命运，而一次大的会战就是一场战役。而承受那种超强度劳动的就是我们这些十六七岁的铁建人。

每一个铁建人对"七月大战"的火热情景都记忆犹新，那火热的情景常常会一幕幕地浮现在我的眼前……

每天十几个小时的强体力劳动，肩膀结了疤又压破，身上脱了皮又晒黑，光着脚抬筐爬坡。一个月脚就长了两号，个子却还是又瘦又小。女战士每天汗湿的头发贴在脸上，汗湿的衣服贴在身上……

最苦最累的经历，要数全团十三米工地大会战。在京原铁路沿线几十里长的筑路工地上，一师三个团一个连队紧接着一个连队，像长蛇阵似的在铁路沿线摆开。在红旗飘飞中，推车的、抬筐的、挖土的、打夯的，人们干得热火朝天，劳动强度特别大。就是在这种情况下，战友们纷纷表决心。工地各连之间，各排之间，各班之间，都在进行着火热的劳动竞赛，你早上五点出工，那我就四点上工地，结果他三点就到了。到后来，必须由连干部值班巡夜，严令私自出工。

炎炎烈日，工地沸腾。一二百斤的一筐土压在尚为稚嫩的肩膀上，一天下来肩膀红肿疼痛，全身被晒得脱皮，身上血迹斑斑，但是没有一个人喊痛叫苦。女战士肩上搭着汗巾，衣服汗津津的，湿了又干，干了又湿，汗碱一圈又一圈。男战士为了干活利落，索性剃了光头，脱了上衣。按理说，繁峙地区夏天气温不高，可战士们挥汗如雨，水壶成了每个人每天出工时轻易不敢忘带的"宝贝"。

铁建兵团发的军用水壶、衣服　20世纪70年代初　张学明提供

最累的是铲土的战友，推车、抬筐、打夯都有少许间歇，挖土的战友却没有喘息的机会；最卖力气的是打夯的战友，他们在夯号的节律中，不停地弯腰、直腰，直腰、弯腰，没有一个人说累叫停。我们怀着一腔激情，一步一步、

一米一米地铺着路基，挑战身体极限。

热血谱写建设的歌：一个人一天要挖几方土，两个人要抬十几方，四个人的工作量，相当于东方红推土机的一个台班。我们三团六连创造了完成土方量平均每人12.9方的全团最高纪录，要知道这个数字是我们采用最原始的人工劳动，全靠肩挑人挖达到的。那是一种奇迹，由铁建人创下的奇迹；那是一种速度，由铁建人创造出的速度。如果不是在那个集体里，不是在那种气氛里，任何单独的个人谁都难以承受那种强度，难以达到那种高度。百里京原线，那平整的路基是战士们用铁锹和大筐一筐土一筐土垫起来的；那铁轨下一样规格的砟石，是他们用榔头一块一块砸出来的；那一排排水泥轨枕是他们四个人一组，一根一根抬上来的；那黑沉沉的钢轨是他们四十个人齐心协力绳拉肩扛，一步一步挪上来的。

说起那种成就感，今天回想起来都有着一种不可名状的激情。抢时间，争速度，比干劲，看贡献。精神的力量是无穷的，这种"铁建精神"能让每一个平凡的人变得无畏而坚强。"七月大战"结束后的7月31日，我被连里选定为代表出席了三团学代会，并进行了经验交流。快半个世纪了，翻看当年的笔记本，看到扉页上"赠给民兵一师三团学代会代表王乐意同志留念"的字迹，我仍然感慨万千。

出席学代会的笔记本　1970年　王乐意提供

1970年年底，在铁建兵团"四好总评"中，我被评上"五好战士"，这是我莫大的荣誉。至今我还珍藏着这张70年代在山西省铁路建设兵团时的"五好战士"奖状。

1972年年初，我被分配到太原化工厂。1975年1月4日，我参军入伍的梦想也如愿以偿。

这一切过去快五十年了，我的生活发生了很大的变化，而过去的那一段经历仍然历历在目。今天，重返京原线，孤山、滹沱河、烽火台、油菜花……这是在城里少见的美景，双脚沿着京原线的铁轨行走，永远望不到尽头。当列车呼啸着驶过时，我们脚下的土地在震颤，心灵也在震颤。

总有一些人或事，会出其不意地击中内心。用心去品味去体验，我觉得自己当年吃的苦值得。我想起了泰戈尔的那句"这是最最遥远的路程，来到最接近你的地方"，我找到了自己人生启程的轨迹。

修一条铁路到北京。历史带给我们的不只是苦难，还有前进的方向。

街上流行"的确良"

讲述：珍　尔

背景

为解决百姓穿衣难题，20世纪70年代，国家投资建设四大化纤基地，其中辽阳石化率先投产。1979年1月，辽阳石化纤维厂织出的第一批涤纶短丝，经辽阳纺织厂纺成涤棉细布，宣告国产"的确良"问世。禁拉又禁拽，禁洗又禁晒——由于这样的优点，中国人给这种进口涤纶纺织物起名"的确良"。在此之前，人们的衣料主要是棉布。

街上有了"的确良"

20世纪70年代初，街上开始流行一种叫"的确良"的布料。那时我刚参加工作不久，正在华泰厚服装厂当学徒工。

华泰厚是有名的老字号，以专门做高级毛料服装而闻名。那时候，许多单位给公派出国的人员做西装，首选就是华泰厚。

我1970年进厂当学徒的时候，华泰厚已改名为东方红服装厂，但太原的老市民还是习惯称其为华泰厚。一说做衣服，就说，到华泰厚去，那儿有老师傅，八级工的手艺！我这才知道，原来裁缝也有级别，我想，我什么时候才能成为最高的八级工师傅呢?

华泰厚师傅为顾客量体裁衣
1971年　李建华提供

改革开放以后，华泰厚才恢复了原名。这是后话。

一天，工作的时候，我听到师傅们在议论，说市面上现在有了一种高级布料，叫"的确凉"。说这种衣料很神奇，特结实，穿也是八年，放也是八年，八年之后不穿也会烂掉，所以一定要穿在身上，不然就浪费了……

"的确凉? 这个名字好奇怪呀，是不是穿上它很凉快啊?"有人问。

"大概是吧，听说这种料子穿在身上特别凉快，夏天穿上也不热，要不怎么叫'的确凉'呢?"

"你说得不对，是良好的良，不是凉快的凉。"有人回答。

争来论去，谁也说不清到底应该是"凉"还是"良"。

多年以后，我才知道，原来这个名称是英文 dacron（涤纶）的音译。20世纪六七十年代，一些发达国家已经可以从煤、石油、天然气、石灰石中提炼出涤纶、锦纶、腈纶等合成纤维了。中国当时还没有化纤生产能力，便从美国杜邦公司进口涤纶。从广州进口时，中文的音译名叫"大可纶"或"达克纶"，而粤语的发音，有点接近"的确靓"，北方人不太听得懂这个"靓"字，就说成了"的确凉"。于是，这个名字就这样流传开来了。

后来人们发现，这种合成纤维纺织品，确实有强度高、弹性好、不缩水、不起皱、耐磨损的特点，但也有缺点，就是不像棉布那样吸汗、透气，穿着并不凉快，所以，人们后来就把"的确凉"写成"的确良"了。

在那个物资紧缺的年代，棉花、棉布，都需要凭票限量供应。做一件新衣服很不容易，一家老小"穿衣吃饭看家当"，大多过着"大改小、旧翻新、补丁上面摞补丁"的日子。我至今清楚地记得，妈妈就把一条被太阳晒成灰白色的蓝布裤子，用剪刀将原来的针线拆开，翻个面，将里子朝外，再重新缝好，一条色彩复原的新裤子就做成了。

在拆开的衣料缝上，布满了小蚂蚁似的碎线头。妈妈常常叫我用小手指帮她一根一根地把碎线头揪掉，这叫"拉线头"。因为单调，我有时会不耐烦。妈妈就生气地说，你还想不想穿新衣服了？我只好继续揪。

这种旧衣翻新衣、破洞打补丁的办法，许多人家都常用。乡亲们有句话，叫"笑破不笑补"，意思就是，穿补丁衣服不丢人，衣服上有了破洞才丢人。记得当时还有个很响亮的口号叫"新三年、旧三年，缝缝补补又三年"。

因为布票不够，钱也不宽裕，穿衣必须精打细算。我记得，从小盼过年，因为只有过年才能吃上一顿饺子，才能穿新衣裳。平时，只能捡哥哥、姐姐穿小了的旧衣服。有一次，妈妈让我穿一件用姥姥的旧衣服改成的黑布褂子去上学，有个同学笑我，说你妈把你打扮成老太婆了，为此我生了好几天的气。

因为怕胳膊肘和袖口处磨破，平时干活、写字，我还要戴上一副保护衣袖的袖套。

领口，也是容易破损弄脏的地方，衬领也应运而生。许多女孩子用白棉线和钩针，钩一条雪白的衬领，缝在衣领里面，脖子上露出雪白的一圈，既漂亮又实用。不少军人在绿军装的领口上，也缝上了女朋友或姐妹们给钩了花边的白衬领。

此外还有假领子，用一小块布，做成一个只有领子没有身子的小衬领，只在领口处露出来，好像穿了一件新衬衣似的。那时候，无论男女，大家都流行穿一种灰色"涤卡"上衣，满街都是穿灰蓝黑衣服的人，如同黑压压的蚂蚁，只有在衣服小小的领口处，才会偶尔有"一枝红杏出墙来"的亮色点缀。这是那个年代特有的街景。

与"的确良"有关的故事

刚听说有了"的确良"时，我们谁都没见过它长什么样，只好凭着想象，将其传得神乎其神。在这种期盼中，"的确良"终于来了。初见它的真面目时，我有点失望，不就是一种看上去比白棉布更薄更细更柔软的布料吗？

但"的确良"的出现，还是让人们很兴奋，因为再也不用在衣服上打补丁了。仅仅是它禁拉耐拽、易洗快干又不褪色的特性，就让其大受欢迎。

爱赶时髦的女孩子率先激动起来，大家争抢着决定先给自己做一件衬衣穿上再说。几乎全厂所有的女孩子都花十来块钱买了两米的确良布料。那时候十来块钱可是学徒工们半个月的工资呢！再说，也不是光有钱就能买到，当时的确良刚刚上市，限量供应。我们在服装厂工作，近水楼台先得月，起码可以省下手工费了。下班后我们央求会裁衣服的老师傅帮忙，量体裁出衣片，然后自己动手缝制。就这样，人人都拥有了一件"的确良"新衣。

"的确良"布料刚上市的时候，只有三种颜色，白、粉和苹果绿。女孩子们大都选择了粉色"的确良"，车间里顿时桃花绽放，一派春色。

我有个表姐，只比我大一岁，听说我要穿粉色"的确良"衬衣，很羡慕，央求我帮她也做一件。我妈妈知道了，对我说："那你干脆多做两件，给你嫂子也做一件，面料钱由我来出。"

在颜色的选择上，我犹豫了。都做成粉色的吗？似乎有些单调。想到嫂子比我大三岁，就给她做件苹果绿的吧。做好以后，我把绿衬衣带回家给嫂子，随口说道，嫂子，你比我们大，不能穿红的了，穿件绿的吧！嫂子当时一声没吭，脸上没有表情，也没有那种得到新衣的笑容。我不明白是为什么。多年以后她才跟我道出实情，她说她当时其实很不高兴，只是碍于面子没有发作罢了。她说，我才比你大三岁，也就二十二三岁，你怎么就说我不能穿红的了呢？我那时候可是也喜欢粉红色呢！

我听了大吃一惊，原来我伤了她的爱美之心，这件事竟然让她耿耿于怀了好几十年！仔细想想，嫂子有情绪是可以理解的，在那个年代，她好不容易有一个穿粉红色衣服的机会，还被我粗暴武断地剥夺了。可见爱美之心人人有，男女老幼此心同啊！

说起"的确良"，我还想起一段借军装照相的故事。

那时，"的确良"不仅在社会上流行，军营里也开始用它来制作军装了。比起棉布军装，它更挺括，不起皱，而且轻便耐用，更适合战士们摸爬滚打的训练，又好洗快干，特别受到军人的喜爱。

20 世纪 70 年代，是一个崇拜解放军、热爱绿军装的年代。许多人都

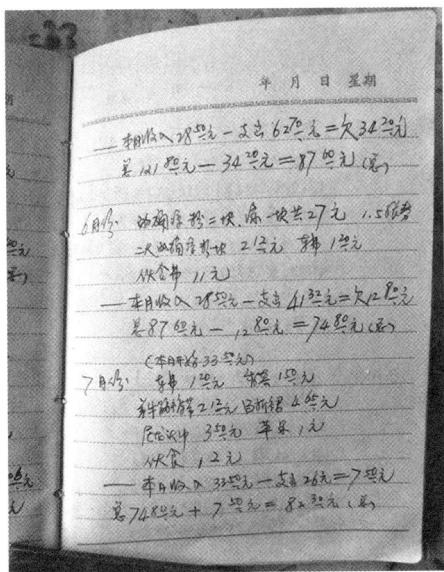

记录购买"的确良"的账本　1973 年　李建华提供

绞尽脑汁地想要拥有军装、军帽、红五星等一切与军人有关的东西。甚至连军装上那种带有八一图案的褐色纽扣，都成了我们挖空心思想要得到的爱物。

那时候，谁能得到军帽上一颗金属的红五星，谁就可以在小姐妹们面前得意地炫耀一番，引来无数艳羡的目光。

如果亲友中有一个当兵的人，亲友就会请求人家把换下来的旧军装留给你一套，实在不行借来穿上照个相也特别开心。如果是四个兜的干部服就更好了，因为那时候的军装，只有上面两个兜的是士兵装，有四个兜的才是干部装。那时候没有军衔制，也没有肩章和领花。军队中不同的级别仅仅体现在口袋的数量上面。

有一次厂里的一位小姐妹说她借来了一套女兵的军装，而且是"的确良"新面料的，大家听了便欢呼起来，欢天喜地约好，一同去隔壁的照相馆拍军装照。

在蒙着黑布的镜头前，同一套军装，也顾不得合不合身，大家排好队，你脱了她穿，她照完了脱下来再转给第三、第四个人。

那时候，部队只有一部分军装刚从棉布换成"的确良"新面料。这种新面料色泽鲜艳，青翠碧绿，再配上鲜红的领章帽徽，正如样板戏里的唱

"的确良"军装照　20世纪70年代
李建华提供

词"一颗红星头上戴，革命的红旗挂两边"，把人衬托得特别精神。

有的人还特意在手里拿个毛主席语录本，将小红书放在胸前，留下了那个时代特有的姿势和印记。摄影师们则忙得一边擦汗，一边偷着乐。

几天后取回照片，大家又围坐在一起，欢笑着欣赏和品评谁照得更好，谁更像真的女兵。那时候的许多女孩子都有一个梦想，成为一名英姿飒爽的女兵，但又都知道这个梦似乎遥不可及，因为招收的女兵数量太少了。所以我们只好穿上军装照个相，过一把女兵瘾，用这种方法圆自己的女兵梦，从中得到开心和满足。

"的确良"退潮

八年过去了，当年大街小巷曾引领了服装风潮的"的确良"，并没有像传说中那样烂掉，虽然旧了些，但还显得很结实。后来，市场上又有了越来越多的花色品种。各种颜色和图案的"的确良"可以任意选购了。这种布料再也不神秘了。

再后来，化纤织物的品种也越来越多。针织涤纶、华达呢、人字呢、府绸、人造棉，还有丝绸、亚麻、动物毛皮等，这些都大大满足了人们爱美的天性和服装造型多变的需求。

后来用锦纶等化纤织物织出的尼龙袜子也上市了，花色漂亮还结实，再也不用发愁三天两头就得补袜子上的破洞了。但刚上市的尼龙袜子价格较贵，一个邻家女孩，婆家送来的订婚礼中有两双尼龙袜，还让我们这些女孩子十分羡慕。那时候，一个农村女孩心目中的理想生活就是冬天穿尼龙袜，夏天穿丝袜。

20世纪80年代，一位日本女作家来访，给我的一位朋友带来一件纯棉T恤衫，说这是她特意花很高的价钱买的。我的朋友苦笑着说，在我们这儿，大家都喜欢化纤的，棉的反而不值钱。日本朋友很惊讶，说我们以前也是那样，但棉的以后会越来越受欢迎的。你们以后也会这样的。

真让她说中了，风水轮流转。再后来，中国果然崇尚纯棉制品了。

风靡一时的"的确良"，渐渐淡出了人们的视野。如今的年轻人，甚至不知道当年它曾有过这样一段明星般的辉煌历史。

"的确良"，像时代的一面镜子，映射出服装的变迁史和时代车轮滚滚向前的印迹。

打家具

讲述：李克明

☑**背景**

　　方桌一张、椅子四把、双人床一张、大衣柜一个、写字台一张、饭橱一个，加起来正好是"三十六条腿"。这是20世纪70年代年轻人成家立业的必备家具，是城市家庭的标配。当时，成品家具市场不发达，许多青年工人自己动手，丰衣足食，学会了打家具、刷油漆，用勤劳的双手创造幸福生活。

那时时兴"三十六条腿"

　　这些皱皱巴巴的发票是1977年前后在位于北营的太原市木材公司购买木材、三合板、五合板、纤维板时开的。闲时翻出来看看，那些年的酸甜苦辣、喜怒哀乐，同事加兄弟的深情厚谊，就会一下子把我带回从前。

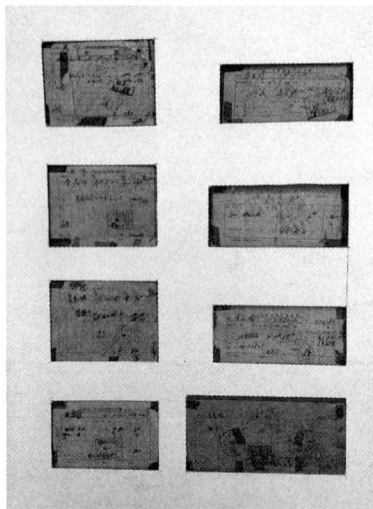

木材及材料购买发票　20世纪70年代　李克明提供

　　1970年6月，我自太铁一中初中毕业，在山西电机厂参加工作，走上社会。进厂没多久，我就与四个同期进厂的同事成了好朋友。几个人家境状况相差不多，都是普通家庭，刚参加工作时都是从家里带饭，中午吃饭我们几个都会把带来的饭菜，放在一起，大家共享，虽是粗茶淡饭，大家却吃得有滋有味。饭后还能甩几把扑克，玩得挺开心。

　　我们几个还互助买了上海牌手表。大家都是学徒工，每月工资20.60元，手表价格是120元，不吃不喝也得半年工资。我们商量每个月大家把工资凑在一块儿买手表。先从老大福栋开始，我最年轻，排在最后一个。半年后我们每个人都拥有了一块当年最流行的上海表或东风表。

　　我们五个经常在一起喝酒聚会，谈天说地。记得有一次聊天，不知谁提起了打家具，立刻得到大家的响应。

那些年市场上衣食基本都要凭号、凭票、凭券、凭本，按计划供应。想添件家具可不是件容易的事，谁家也没有现成木料，多数是拆旧做新，或者单位把装设备的木条包装箱分配给职工。即便如此，仍然满足不了人们做家具改善生活条件的需求。我家及同事先后在北营的太原市木材公司购买了打"三十六条腿"所需的各种木材。

20世纪60年代中期，父亲单位把配发的桌椅板凳折价卖给各家各户，父母以此为主料，雇人打了两个木箱。受原料所限，做出来的两个箱子配不成一对，大小高低各不相同。这种箱子储物空间大，但使用极不方便。记得妈妈取放东西还得踩个小板凳才能够着。两个箱子用四五层砖头垫起来，底下留出的空间放鞋子、杂物，算是现在的鞋柜吧。为了好看，还用图钉按在两块白布上，把里面遮住。

当时还做了一张小方桌，不足一米见方，平时当我和妹妹的书桌。逢年过节亲朋好友来了，要把小桌子摆到炕上吃饭，地上坐不下，也没那么多小板凳。那时候吃饭简单，小米稀饭、和子饭、窝头，就上点儿菜就是一顿，一人一只碗端在手里，用不着在桌子上吃。再加上一张八字高腿凳，就构成了我家全部的家具摆设。

简陋的生活场景，在我幼小的心灵里留下了深刻的印象。我暗下决心：有朝一日我要改变这一切，让父母过上更好的生活。那时我特别羡慕邻居家或者同学家带抽屉的柜子，梦想着家里能有一把有靠背的椅子，一个三斗两门柜子，因为这种柜子能分门别类放东西，桌面能放一块玻璃板，下面摆放照片和各种画片，显得很高档。

我们五个人家里的生活境遇都差不多，所以说到打家具、改善居住条件，大家一拍即合。

那时候打家具最时兴"三十六条腿"，即沙发、茶几、写字台、立柜、平柜、高低柜等，所有家具的腿加起来一共有三十六条。市场上没有家具店，想买这些家

父母请木匠打的八字高腿凳
20世纪60年代　李克明提供

具也没地方买。大中市寄卖商店倒是有一家二手家具店，但都是老式家具，放在平常百姓家里不实用，价格还挺贵。那时刚出现流动做家具的木匠，但是工钱不是一笔小数目，还得另外管饭，一般家庭负担不起。那我们就自己打家具吧！

老大潘福栋当过木工，负责提供木工工具，进行技术指导。剩下的四个是学徒，干苦力活。边学边干没几天，就发现现有的工具满足不了我们的需要，于是大家各尽所能，先后购买或者自己动手做了大小刨子、边刨、槽刨和大中小锯子、各种凿子。一点一点地，我们将当时做家具所需的全部工具置办齐全，有些还不止一套。

在老大的带领和精心指导下，我们几个从木工的基础活儿开始，逐步学会了各种家具的设计制作，到后期都能独当一面，掌握了制作各种家具的全部工艺流程。

当时流行的三门大立柜、平柜　20世纪70年代　魏月兰、由国娟提供

老二郝明如，诨名"郝家沟"，因为他曾在郝家沟住过。他是个多面手，啥也能干，最擅长的就是给做好的家具"穿衣服"——刷油漆。刮腻子、打磨、上漆，都是又脏又累又呛的技术活儿，谁看到都发愁，他一声不吭全部自己拿下。到后期我们只管做，给家具"穿衣服"的事都交由他管。

老三郭明是我们眼中的"大拿"，几个人里头数他点子多，遇到棘手问题都是他出主意拿办法。记得高低柜的结构工艺比较复杂，我负责在加工好的木料上画线，看着草图，抽了好几根烟还是没画出来。一筹莫展之际，他过来研究了一下图纸，想了一会儿，就发现了问题所在，指出高低柜交接处的画法和工序。实践证明他的思路完全正确。

那时立柜不管三门两门都需要镜子，这在当时是紧俏商品，只有建设路上的制镜厂门市部才有，但是经常没货。那时也没有出租车、私家车，买上镜子往家运也不容易。镜子的购买、运输就都由郭明包了，因为他有办法，每次送来的镜子都毫发无损。至今我们也不知道他是怎么做到的。

根据各家实际情况，我们几个充分利用原有家具、木料，拆旧做新，给各家打了当时最流行的立柜、平柜、写字台、沙发、茶几、高低柜和包床等高级家具。我们几个结婚的家具也都是自己打的，在这个过程中，不管需要什么木料、材料，大家都互通有无，毫不犹豫地先让给需求最迫切的兄弟。当年没有电动工具，破木料、刨光、凿榫，全部手工操作。有一次碰到硬杂木，光破料，两个人就锯了三天，腰酸背疼，手上都磨出了水泡，但是我们依然戴上手套继续干，谁都没有怨言。

花了很长时间，我们才适应了自己的新定位，意识到做家具是多么受欢迎的一门手艺，同时深感家家户户改善生活质量的迫切需求。

我们成了座上宾

打家具在帮助各自家庭改善生活质量的同时，让我们结交了众多好友，改变了我们的人生。

我们几个人拿自家练手，技术逐步提高，俨然成了家具制作的专业小团队，从家具设计、打造、油漆，一条龙服务非常到位。渐渐地开始到兄弟姐妹家做家具，之后发展成到亲朋好友家做家具。眼看着后面还有同事排队等候，我们日夜奋战，把业余时间全都用在做家具上，一度连交女朋友的空闲都没有。

车间主任吕续堂被提拔为厂长，他邀请我们到他家做家具。他工作忙顾不上招呼我们，夫人赵爱英利用倒班时间热情接待我们，备下好烟好酒，生怕我们吃不好喝不好，又怕别人说三道四。厂长与我们约法三章，规定谁也不能因做家具耽误工作或迟到早退，不能拿厂里的材料和个人材料给他家做家具用。最后因材料短缺，我们又不敢从厂里和家里拿，导致工期拖了两个多月才完工。这是我们做家具史上周期最长的一次。

后来我们几个和车间其他同事不管谁家有婚丧嫁娶之事，只要厂长在，他都会如期而至，这让我们非常感动。我特别怀念吕厂长和工厂里的同事亲如一家的氛围。

我们打家具从没想过挣钱，共同的想法就是多交几个朋友。每当看到我们做的家具摆在各家各户里，质量好，用料足，挺时髦还特别实用，心里都美滋滋的。婚宴上我们几个经常是座上宾，感觉特别自豪。

这种状况一直持续到80年代中期，市场上的商品逐步丰富起来，家具市场日益成熟，自己打家具变得过时了，我们才放弃了这个爱好，回归到各自的生活中。

1977年恢复高考，我有过试一试的想法，买了很多数理化复习资料，自学了一段时间，还上了十几天复习班。然而在这期间除了上班，业余时间还得帮亲朋好友打家具，我根本没时间复习功课。

我们五兄弟　1976年　李克明提供

在继续打家具和参加高考之间，我踌躇了很长一段时间。从小学开始，我就一直是班长，学习成绩很好。参加工作后也是先进分子，打家具时各家给我们以盛情款待和隆重待遇，这一切都让我感觉良好。当年会做木工活儿的吃香程度，不亚于家里有个会开车的司机和跑北京的列车员，找对象的时候都占绝对优势。

经过一段时间的思考，我深感鱼和熊掌不能兼得，选择了前者，继续帮朋友打家具，放弃了高考。这让我失去了一次有可能改变人生的机会，这不能不说是受当时的认识所局限。

这些年几次搬家，添了电视柜、电脑桌、书柜、一大两小沙发、老板椅。五十多年前父母请木匠做的高腿八字凳还在使用，刷过几次油漆，仍然保持着当年的颜色。那些年亲手打造的"三十六条腿"多数被淘汰了，三门立柜、写字台还在服役。这些老家具和时髦的新玩意儿在家里和谐共处，书写着我们这个小家庭的小康之路。

这些新旧家具和当年买木料的发票一起记录着时代的变迁，见证着我们每个小家的变化，也见证着我们国家的发展。它们既是宝贵的物质财富，又是岁月留给我们的精神礼物。

在公园谈一天恋爱

讲述：张会珍

背景

  缔结婚姻对于一个家庭至关重要，它关系到一个家族的延续。结婚消费属于典型的符号消费，其消费内容无一不具有浓厚的符号意味。20世纪70年代末以来，随着现代化进程的加快和社会转型发展的影响，人们恋爱、结婚的消费成本表现出与传统社会不同的特点。约会时的交通、餐饮成本，结婚前购买新房、装修房屋、采买家具、拍摄结婚照的花费，结婚当天在礼服、婚宴等方面的花销，都具有鲜明的时代特征。

难忘那一天

  1971年我初中毕业后一直在家待业。1974年，我找了一份临时工——修铁路。这个活儿特别累特别苦，但我结识了女朋友，也就是后来的老伴儿。我们两个人在繁忙的工作中建立起友谊，后来又都认为对方是终身的依托，逐渐发展成彼此心中的另一半。

由于工作紧张，活儿又累，还没有休息日，所以我一直觉得亏欠了女朋友。1974年夏天，我和女朋友相跟着上班，路上，我提议："咱们两个今天别去上班了，到公园坐坐吧。"女朋友担心这份临时的工作丢了，又怕父母知道了挨骂，在我的再三鼓动下，才勉强同意。我们调转自行车车头，来到人民公园（1982年改名为儿童公园，现为文瀛公园）。存好自行车，我们围着文瀛湖转了一大圈，坐在公园纪念碑旁的长椅上，天南海北地聊天。长久的体力劳动和压抑的心情在这一刻得到了放松，看着来回散步的老人和手挽手逛公园的恋人，我们憧憬着未来的生活，会心地笑了。

不知不觉到了中午。我俩原本计划去上班，所以都带着午饭，我带的是二面馍馍，女朋友带的饭好，是大米饭。我们去公园的传达室讨了半饭盒开水，就在公园的长椅上饱餐了一顿。

这是我俩相识以来最美的一次约会，也是唯一一次逛公园。恋爱中的人是没有时间概念的，眨眼下午六点了，下班的时间到了，我们骑上自行车回家，晚上还得跟家人撒谎，说今天工作如何如何……

人民公园　20世纪70年代　水芙蓉提供

我们结婚了

1975年8月，女朋友正式招工到尖草坪五金商店工作。1976年11月，我也到太原乳胶厂上了班。两个人的生活终于安定下来了。

女朋友家当时住的是楼房，没多少家务活儿。我家住在父亲单位分配的平房，事儿多，女朋友经常来我家帮忙干活，遇上打煤糕，她挽起袖子就干。冬天我妈要腌酸菜，她通过朋友买来芥菜，帮妈妈切好腌在缸里。母亲看在眼里，有一天把我俩叫在一起说："你俩也不小了，来回这样两家跑太累了，把事儿办了吧。"

经母亲点破，我和相恋五年的女朋友就要结婚了。

由于我俩是在打临时工的时候相识的，没有介绍人。1978年，我叔叔受我父母重托，提着二斤槽子糕去女朋友家提亲。准岳父和岳母都是开明人士，只字不提彩礼的事，告诉我叔说："只要孩子们愿意，我们大人没意见，新事新办吧，你们啥时来迎娶都行。彩礼就免了吧。"后来听父母说，他们当时就有五百元钱，正在为我的婚事发愁，听说亲家不要彩礼，着实感动了一把。

我们这一代比起父母那一代人幸福多了，能自己掌握自己的婚事，不用父母包办。我庆幸和女朋友是在艰难的环境中认识的，有着深厚的感情基础。

结婚证领上后，就该准备婚房了。

乳胶厂没有现成的房子，好在我家当时住父亲单位分的敦化坊铁路宿舍平房宿舍区，在最边上，旁边刚好有块空地，于是，我发扬自力更生、艰苦奋斗的精神，自己动手盖房子。

当时我们那拨人都到了成家的年龄，没房子的人都是在原有的平房旁边加盖小房。买砖成了大问题，一是买不起，二是有钱也不好买。当时处于改革开放初

结婚证　1978年　张会珍提供

期，大量基建项目上马，建筑材料供不应求。唯一可行的办法就是脱土坯垒房。于是每天下班的业余时间和全部礼拜天，我的工作就是脱土坯。

经过半年多的努力，我终于盖起一间十多平方米的小房子。小房子采光不好，南面有个厨房把自然光都挡住了，大白天进门也得先开灯，但是条件虽然差了点儿，我总算有了婚房。

接下来就该准备家具了。女朋友在商店工作，托人在光社木器厂买了一个立柜，110元，一对扣箱54元，还买了两张纤维板，做了个当时流行的平柜。

这下没钱了，我们还没有买床，于是用父亲单位退下来的废枕木搭了一张床，满屋子的沥青味儿好久都散不去。

当时社会上流行结婚买手表、自行车、缝纫机。父母亲尽最大努力来为我们办事，花220元买了块英格表，男款的，女款的买不到。岳父托人在忻县（现在忻州）买了一辆飞鸽"28"大坤梁自行车。为了省托运的费用，可敬的岳父大人硬是把自行车从忻县骑回了太原。

1978年春节，女朋友的姑姑从天津来太原探亲，要返回天津了，女朋友要去送姑姑，顺便在天津玩几天。妈妈一直觉得亲家不要一分彩礼钱，实在过意不去，就给女朋友带了200元钱，让她去天津买些自己喜欢的东西和衣服。她用这笔钱给自己买了一件呢子大衣，120元；一双鞋，11元。她将剩下的几十元钱，都退还给妈妈。妈妈激动地说："这媳妇儿是个过日子的孩子。"

我结婚的日子是冬天。远在家乡的奶奶知道孙子要结婚了，和姑姑一针一线给我缝了件深棕色的织锦缎棉袄，没来得及缝扣子就通过邮局寄过来了。没想到妈妈不会做盘扣，所以结婚时我没能穿上。结婚当天，我穿了一件新做的蓝涤卡军干服褂子，爱人穿着她妈妈缝的红色织锦缎棉袄。

这么多年过去了，翻箱倒柜，看见奶奶为我做的这件棉袄，还是没扣子。不过，就算现在缝上扣子，我也不能穿了。人胖了，衣服瘦了，可惜了奶奶的一片心。

1979年1月30日，大年初三，我们结婚了！

我和父亲都是普通工人，人脉窄，没有办法去找汽车，当时也没有出租车，私家车也没出现，单位有小卧车的少之又少，于是，我们采用了当时最普遍的接亲方式——我和表姐、表姐夫骑着三辆自行车出发了。

岳父安排不许堵门，不许要钱。爱人挎着妈妈准备的一个小包袱，我俩双双给岳父母磕了头，感谢他们的养育之恩。然后，爱人就跳上自行车后座，跟着我回来了。据说，我们出门后，爱人全家都哭了，尤其是她最小的妹妹，哭得稀里哗啦。

那时不流行拍婚纱照，我们只简简单单照了个黑白照片，太简单了。我结婚那天，下着小雪，天气特别冷，可是由于我是我们这一拨年轻人中第一个结婚的人，当时大家又住排房，所以来的人特别多。大家放了两挂小鞭炮。捡没有燃完的小鞭炮的孩子、抢水果糖的大人……虽然没有敲锣打鼓，场面却非常热闹。

结婚照和结婚礼服　1978年　张会珍提供

　　当时还不时兴请司仪主持，叔叔拿着结婚证向来宾宣读，新人给父母和来宾鞠了个躬，就算完事儿了。

　　结婚的酒席是在家里办的。

　　父亲在单位借回了篷布，搭了个临时伙房，院里垒着霸王火，门上贴着请人写的"喜"字。前后排的大妈、阿姨们忙前跑后，洗菜刷碗。邻居们不但帮忙张罗，还把自家腾出来摆上桌子，我们光在邻居家就摆了两张大桌子。炒菜的师傅是父亲从单位请来的工友，就一个人，炒菜想快也快不了，直到下午三点多，客人才吃完饭。难得我亲爱的朋友们始终都高高兴兴的。

　　那天一共摆了十桌酒席，每桌上面摆一盒海河烟、一把水果糖、一壶杂牌酒，现在想起来真够寒酸的。我准备了两条海河烟，两毛多一盒。糖是最普通的水果糖。

　　买来的酒各式各样，河北的、山西的都有，我不敢连酒瓶往桌上摆，就倒在酒壶里，这样看不出是杂牌酒，但是当时大家都很高兴。

　　那时候，朋友和邻居很少拿现金上礼，我记得有几个特别要好的朋友都是随了五块钱的礼，这在当时已经是巨款了。大部分朋友是随份子，分别买了被面、暖瓶、脸盆、镜子、毛巾、牙膏、牙刷、香皂等，同事、朋友们考虑得真周到。爱人单位的同事送了一件搪瓷茶盘，印着"老三篇万岁"三个字，放到现在都快成文物了。

同事送的搪瓷茶盘　1978年　张会珍提供

那时送的东西不值多少钱，可都是同事们的一片心。

当时由于通信系统不发达，结婚的时候好多同学联系不上，特别遗憾。来的客人大部分是父母的同事、我和爱人的同事、双方的亲戚。最逗的是，我结婚当天，有一个多年不见的朋友来找我，正好赶上我的婚礼。我赶紧安排他坐下吃饭，并告诉他吃完饭别走，说一会儿话，谁知道他吃完饭就走了，什么话也没留下。一直到现在，我再也没有见过他，好遗憾。

三天婚假过去，我上班时带上糖和烟，去厂里慰问随了礼却没有来吃饭的同事们。

20世纪70年代的婚礼，虽然不能和现在比，但心情却是一样美好。

筒子楼里一家亲

讲述：翟桂芳

采访：黄海波

✔️背景

　　筒子楼是20世纪七八十年代中国企事业单位住房分配制度紧张的产物。筒子楼有着长长的走廊、公用卫生间和厕所，最初是单身职工宿舍，后来有很多人在这里结婚生子，奏鸣着锅碗瓢盆交响曲。近些年，随着城市更新的脚步，中国人的居住条件大为改善，筒子楼的居民陆续搬进安装着电梯的高层住宅。但筒子楼的空间模式和邻里秩序，却勾起了许多人的怀旧情绪。一些大城市的设计师为公寓楼配套长长的走廊，尝试营造出筒子楼式的邻里氛围。

在太原纤维厂分了一间单身宿舍

1965年，太原合成纤维厂扩建招工。那年我刚刚从向阳店中学初中毕业，考上之后，被分配到原材料车间工作，劳动强度比挡车工小，加料的时候紧张一下，等化学反应开始，就没有太多事儿了。

当时的纤维厂归山西省化工厅管，主产品是朝鲜尼龙袜的原料，1965年开始生产锦纶丝，这是生产弹力丝袜的原料。我们生产丝，送去染色之后，供上海和天津生产丝袜用，有时候也供其他袜厂。

有一次，我去上海实习，买了一双尼龙袜子，结果回来以后翻看商标，惊奇地发现是平遥袜厂生产的。这个袜厂当时的骨干力量都是上海来的师傅。

我父亲是轨枕厂的工人，我家住在向阳店，特别远，每天跑家不现实，厂里就给我分了集体宿舍，三个人一间。那幢楼是化工厅下属农药研究所的，一共三层，一层是研究所库房，二层是研究所宿舍。

纤维厂比较小，所以没有自己单独的单身宿舍楼，就占了人家楼里的第三层。

宿舍区建了一堵围墙，围墙上开了一个小门，我们穿过小门就能走到厂区。

1968年，三年学徒期满，大家转正之后就开始陆续找对象，结婚生子。然后，有的调走了，有的家就在城里所以回家住了，有的在外面嫁了人，这些人就都搬离了单身宿舍。我们家是双职工，所以在同宿舍的两个女孩都搬走之后，这间宿舍就成了我们小两口的房子。婆婆家有七个孩子，就两间房，根本没地方住，所以我俩就一直住在这里。后来整层楼成了年轻职工结婚以后居住的筒子楼，变成一家一家的，而不是职工的单身宿舍了。从中间上楼梯，上去以后左右走廊，两边都住人，门对门，楼的两头开窗户，是典型的筒子楼。

楼里没有厨房，没有卫生间，只有楼下院子里安着一个水管子，还有一间公共厕所。

夏天在楼顶乘凉　1977年　翟桂芳提供

围着垃圾堆扒拉金戒指

从单身开始，我每天早晨上班都拿一个暖壶、一个空桶。空桶往水管那儿一放，拎上暖壶就上班了。回来的时候，我拎上一暖壶的开水，将空桶打上水回家。空桶往那儿一放一天都没人拿，也不怕丢。结婚以后也是拎上水桶、墩布，往楼下一放，在那儿排上队。下班回来，大家自觉按顺序把墩布洗了，水打上。各家打的煤糕也都放在楼底下，下班回家提上一块上楼。

楼里没厨房，一家门口安一个大铁炉子，每天都得倒灰渣。楼里有人买了金戒指，平时不戴，包在纸里，自己忘了，倒垃圾时不小心倒了，于是发动全楼的人帮着找，大家围着窗户外头小山一样的垃圾堆扒拉扒拉，最后还真找着了。

到了80年代，单位不断盖房子，人越走越少。1985年前后，单位又给我们分了一间宿舍，这样我们有了两间房。女儿就是在这时出生的，我们一直住到她初中毕业。

那时每家都接上了自来

女儿与邻居的孩子在筒子楼楼顶
1976年　翟桂芳提供

水，下水也有了，大铁炉子被改成蜂窝煤炉。人们自己做蜂窝煤。接煤气那次，楼下平房接上，二楼也接了，就我们三楼没有份，因为没厨房，后来总算接上了。住在楼里，除了没有厕所，其他都方便了。

杀错鸡

楼道里除了走人、做饭，还喂着鸡。我们家的鸡窝是三层立体式，自己焊的。下了班到菜地捡上菜叶子，和上玉茭面喂鸡。自己家的鸡开始下蛋以后，我们就不用到市场上买鸡蛋了。鸡蛋的个头还特别大。

在楼道里喂了两三年的鸡，后来越养越多，我们自己都嫌臭得不行。特别是有人不爱养，更觉得味道呛得受不了，就把问题反映到厂里。厂里来人一看，说你们住的条件本身就不好，自己还不注意，不能养了！

我们又把鸡窝从楼道搬到了楼顶，还是一家一个鸡窝。鸡窝门不关，各家的鸡早上出来溜达，晚上自己就回窝睡觉。我家的鸡窝和邻居家的挨着。他老婆马上生孩子，他买了一只老母鸡回来，和我家的鸡颜色差不多。第二天早上起来他就把刚买的鸡抓住，杀了。等我起来去喂鸡，怎么也找不见我家的鸡了，看遍了楼顶的鸡窝，哪儿也没有。飞下楼了？不可能啊。

后来邻居说他今天杀了只鸡，我过去一看，就是我家的鸡。他一看自己买的鸡，还被捆在自己家的鸡窝里，出不来。他就把这只鸡赔给我。还不错，是一只下蛋鸡，我就一直养着。这只鸡命挺好的，又活了好几年。

主妇在楼顶上拴着绳子晒衣服，晾被子。夏天家里热，做好饭，各家端上锅端上碗，搬上小桌子小凳子，上楼顶，坐那儿吃饭，孩子们吃完了就在那儿玩，大家一起乘凉，就像一个大家庭。那时候楼的周围全是地，空气特别新鲜。

筒子楼生活成本低。除了自己喂鸡，等春天来了，农民间小白菜，我们捡回来，能包饺子、包包子。

半夜回家，孩子丢了

住在筒子楼里，人们就跟一家人似的。上班把门一关就走了，也不锁门。只要楼层里有一家人在，就觉得家里有人。住户年龄相仿，一家一个孩子，大的小的从来不打架。孩子们总觉得别人家的饭好，只要一个孩子觉得谁家的饭好吃，别人家的孩子就都相跟着去吃了。吃饭时，孩子回来要个碗就走了，去别人家里，坐下就吃饭。

孩子的父母去上班，只要看到楼里有人，不用交代，放心走就行了，知道孩子困了有地方睡，饿了有地方吃。不管谁家家长回来，看见孩子一个人，都会问一句："你妈呢？"知道孩子的妈妈上班去了，等饭做好了就冲着孩子喊一声："吃饭了！"

小慧家住东头。有一次她爸爸妈妈都去上夜班，把四五岁的孩子一个人撂在家睡觉。在这期间爸爸回来一看，孩子没了！

那时年轻，睡觉沉。睡到半夜，觉得外面乱糟糟的，听着有人喊："小慧！小慧！"我一下子就醒了。原来，小慧睡到半夜醒了，一看爸爸妈妈不在，跑到我家门口，推开门就进来，那时谁家的门都不闩。她告我："阿姨阿姨，我爸妈都不在，就我一个人。"我估计两口子上夜班去了，就说："睡吧。"她就跟我女儿两人盖一床被子睡了。

半夜听着外面有人叫小慧的名字，我赶紧叫爱人："快点儿快点儿，找小慧呢。"他开开窗户喊："小慧在这儿呢。"那时小慧的爸爸已经找了好一会儿，从东头一路找过来，邻居也都起来一起找，还跑到楼下。小慧妈妈也被叫回来了，两口子在我家门口一见小慧，抱上她就哭了起来。

筒子楼里住着姐妹俩，她们的父亲是儿童医院院长苏家驹。苏院长每个月来女儿家一次，会带上听诊器，挨个儿给孩子们检查一遍身体。苏院长是上海崇明人，夫人也是南方人，特别和气。孩子们见了他们都叫姥姥姥爷。苏院长今年九十多岁了，去年春节前，他孙女给我发了张照片，还像当初那么精干。

他给外孙订了牛奶，赶上孩子们星期天去看姥爷，就让我帮忙把订的牛奶取上，熬了。我想，孩子们还要喝牛奶呢，就骑车把牛奶送到儿童医院那边。他们很感动，说大老远的，还专门送过来。

现在，大家都已搬离筒子楼多年，但是孩子见了我们，我们见着孩子，还可亲呢。前几年，一到正月初一，孩子们都要挨家挨户拜年。现在不兴拜年了，孩子们在路上遇见，老远都要打个招呼，我们也还觉得那是自家孩子。

迎泽桥上来了三条"黑尾红箭"

80年代之前，我们没穿过红的、花的衣服。三位同事在半坡街住，看见春光绸布店卖红颜色的交织绸，三寸布票一尺，很划算。那种红不是很红，稍微带点粉，特别漂亮，我们一个车间的女同事就商量：买回来咱们一人做件衬衣！

她们三个住在市里，每天骑车上班，要经过旧迎泽桥。那时候桥两边没起楼房，都是庄稼地，人们远远就看见三个人，一人一条黑裤子，一件红衣服。她们刚进厂门，外号就被叫起来了，说迎泽桥上来了三条"黑尾红箭"。那时候时兴养鱼，大家对黑尾红箭很熟悉，再一看这三位，黑裤子、红上衣，可不正是黑尾红箭的模样！听到人们议论，她们三个吓得赶紧把衬衣脱了，换上工衣，下班走时都没敢换回去。

那段日子过得特别快乐，活得特别有劲。工资涨了好几次，我都赶上了，刚上班挣20.6元，转正后挣36.9元，挣了十年，后来涨到四十多元。

筒子楼里住的都是年轻人，观念超前，有钱就敢花。苏院长的大女婿也是上海人，时髦得厉害，1976年就买了电视机。我们坐在他家的电视机前，看电视机里播放"十里长街送总理"的画面。电视机里的人哭，我们坐在小板凳上也哭，哭得一塌糊涂。

有了电视机之后，大家就开始想办法买。当时太原市买不上，就到处打听，听说忻州有，各家的男主人就坐上火车往忻州跑。那时忻州只有一条街，一家五金商店。他们去了就把商店里的几台电视机都买回来了。就这样还有好几家人没买上，继续打听。知道榆次有电视机，男主人们又坐火车跑到榆次，把那里的电视机买回来。我家那台电视机买回来的时候，正好在演《卖花姑娘》。

1982 年，《霍元甲》开始播放。要是赶上上夜班，我就特别着急，下班后赶紧往家跑。当时电视机小，上夜班时我偷偷把电视机拿到车间，藏起来，等《霍元甲》开演了，就看一会儿，再藏起来，下班拿回家。看电视时，大家轮流放哨。

当时厂子里的人都说："别看小楼上条件不好，家家都有电视机！"吃过晚饭，许多同事都会跑到我们楼上，拿个小板凳等着看电视，床上、地下、门口站的都是人。

到了 1984 年，我觉得电视机小了，就买了一个电视放大器，摆放在电视机前面。

电视放大器　1984 年　翟桂芳提供

楼里有人在国营大众机械厂上班，买回来一台单缸洗衣机，塑料的。他给大家示范怎么用，我们围着看。一问价，说是一百二十多块钱，我们都说：买！家家都托他在厂里买。没多久，各家又花了七十多块钱，托他在厂里买了冷风箱，有一家还一下子买了两台。1985 年，大家就都买了冰箱，中意牌的。后来我们又都买了录像机，家用电器配全了。

那时候钱特别值钱。1984 年，我到了服务公司，自负盈亏，奖金高，福利比大厂好。买劳保用品的钱，我们能出去买自己家需要的东西。一个月还能发个十来块钱的奖金，把大厂的人羡慕死了。

1987 年我家从筒子楼搬出来，住到了公园路的楼房。厂里的年轻人住了进去。后来我们厂改为化纤研究所，归了纺织厅，和化工厅分开了。前三四年，筒子楼拆了，取而代之的是一栋六七层的宿舍楼。

现在城市里人们搬进高层住宅楼以后，把门一关，谁都不认识谁。报纸上说，大家现在的居住小区，百分之六十以上的楼宇都安装了门禁，邻里之间"不着火不见面，不漏水不相识"已成为常态。我们小区还好，就我们一个单位的三幢楼，像个四合院，下午大家能坐在一块儿打打扑克，聊聊天。

记忆中的筒子楼，虽然房子只有一间或一间半，每层楼只有一间厕所，做饭只能在油烟弥漫的黝黑过道里，但人们的脸上总是挂着笑容，邻里间十分和气，谁家有事邻居们都乐意搭把手。城市生活升级，筒子楼不可避免地逐渐消失了。想念筒子楼时，不舍的其实是曾经陪伴我们的亲密与温暖。

上学记

讲述：范德峰

✔️背景

新中国成立以来，经过几代人的不懈努力和艰苦拼搏，中国的教育发生了翻天覆地的变化，产生了当今世界规模最大的教育体系。教育事业发展取得的成就和我们每一个家庭紧密相关，也与我们每一个人的成长息息相关。

上了两个幼儿园

1963年出生后，我就一直住在上马街6号太原十七中家属院内，这门牌若从西面说是崇善寺4号，靠近山右巷与新城北街。

父母工作忙，我是由姥姥看大的，上过两个幼儿园，不过都没待几天。

新城北街幼儿园在十七中东墙外，十分狭小。从东面的小门穿过一截一米宽的小路往西走，大约三百多米的样子，里面一小块空地加两间教室，也就巴掌大，这就是幼儿园的全部了。四五岁那年，我被送到这个幼儿园，才入园两天就生病了，感冒咳嗽流鼻涕。阿姨说："病好了再来吧。"请假回去就没有再来。

没多久，我又去了离家不到两百米的十七中幼儿园，比新城北街幼儿园离家还近一百来米。这个幼儿园大多了，在教室上课，在院子里活动，那儿有木马、滑梯，居然还有个校办工厂制作的铁转椅。上了幼儿园，头几天觉得挺新鲜，但很快就告诉姐姐不大好玩儿。下午不到放学时间，姐姐就去园门口叫喊着要接我出去，阿姨说不能接，姐姐在外面又叫又闹。没到半个月，我就不去了，还是和姥姥、姨姨、姐姐在一起好玩儿。

我们这茬人，在我印象里，很少有人从4岁到6岁完整地上过小班、中班、大班幼儿园的，有的人根本就没进过幼儿园。我的幼儿园生涯加起来大约有一两个月吧。姐姐上过整整一年的幼儿园，学了不少本事，唱歌、跳舞、画画、做游戏、做手工、做体操等。她上的是周一上午送入，周六下午接回的那种正规幼儿园，一周还给洗一次澡。一个月十四元，一般人家上不起。我没有完整地上下来，长大后感到有些遗憾。

丰富多彩的小学时光

1969年9月，我与几个伙伴，跟着邻居张素琴老师到小五台小学上了一年级。

上马街6号院有四五排平房，每排八九间住房，每间十一二平方米。住房对面三米远一家一间厨房，只有六七平方米，且比住房低矮。我家住在2排最东面的8号和9号。张素琴老师和我家住在同一排。

小布书包里装着两本课本、两个抄本、一个铅笔盒，出院门过新城北街，到十字路口继续向南，从新城南街上一个大坡，向东一拐就进了校门。从家门到教室门也就二里地。班主任姓关，是一位年纪较大的女老师。同学们大多来自新城街、小五台、文庙巷等地，真正是就近入学。

大约要上二年级时，妈妈把我转到新城街小学。这样一来，冬天我就不用走那个有冰有雪的大坡，也省去一半路程。转学手续很简单，因为也有邻居在新学校上学，没有什么陌生感，到了新环境很快就适应了。在这儿我上到五年级毕业。

新城街小学的大门坐北朝南，全校有大小不等的四处院子。进校门第一个院子是老师们的办公室，还有个仓库，堆放冬天烧火的煤糕等杂物，西南角是传达室，东南角住着班主任黎燕青老师一家。办公室门前有几棵大槐树，五月初槐花一开，这个院子就充满的芬芳。夏天会看到长长的细丝从树冠吊下来，青色的一寸左右的软体虫子在丝的末端晃来晃去。麻雀很喜欢吃这种虫子。男同学把丝线截断，用手吊着虫子玩，争来抢去之间那小虫便没了命。调皮的男生会拿着青虫吓唬女同学，看到女生吓得又躲又叫，男生哈哈笑着，十分得意。

新城街小学三年二班在迎泽公园欢度六一儿童节　1972年　范德峰提供

　　教室分布在东院、西院和北院，其中西院还有个校办工厂。我们那届有五六个班，一个班四十来人，我在二班，教室是北院的一间平房。院子里除了教室，还有男女厕所和一处自来水管，全校师生饮水、打扫卫生、和煤泥、打煤糕，都从这里取水。夏末秋初，高年级同学从家里拿来铁锹、模子、小铁铲，把学校发的烧土与煤面按比例和起来打煤糕，以备冬天填在铁炉子里烧火取暖。半干的煤糕立起来，摆成工字形挨在一起晾晒，这时最怕突然下雨。一下雨我们就赶紧找东西苫住煤糕，来不及苫的煤糕被淋坏了，得等天晴后重打。用烧煤糕代替全烧炭，也是为了省钱。当时家里也是这样过冬的。

当时课业轻，边识字边学汉语拼音，慢慢学组词造句、写作文；数学只学到加减乘除；体育课做广播体操、跑步跳远、拍球跳绳；美术课画红旗、太阳、五角星、花草、房子；音乐课就是唱歌，唱《国际歌》《三大纪律八项注意》等。样板戏里的唱词不用专门学，我们又看电影又听广播，英雄人物的著名唱词几乎人人都能来几段。

除了上课，学工、学农、学军、学雷锋做好事，也都是当时上小学的重要内容。

学工在校办工厂。读到五年级，各班轮流制作日光灯打火。我们将半寸左右的毛泡和电容焊在比一个一分钱略大的底座上，装入圆铝壳，经检验能打亮灯管，就算合格品。从把锡块化成焊条到检验合格，全部过程都在老师的指导下完成，每班连续干两周。

学农主要是积肥。利用星期一至星期六下午的课余时间与星期天全天，我们两人一组，抬上箩筐，拿着小铲与笤帚，在马路上追骡马驴车，它们一拉下粪球，我们就立刻冲上去趁热把粪球扫入小铲倒进筐里，攒够一筐就交到学校。郊区的农民伯伯隔一段时间就用大车把粪球拉走。我因为不怕脏不怕累，四五年级时被评为学农积极分子。

学军最有意思。除了在体育课上练习扔手榴弹，还要背上干粮、水壶拉练，步行去或远或近的烈士陵园扫墓。我们先后去过人民公园、双塔寺烈士陵园和牛驼寨烈士陵园，通常要用一天时间。

学雷锋做好事的活动内容更为广泛，我曾经去东安电影院打扫卫生，为邻居抬水取报，把自己家刷墙剩下的大白粉拿到教室刷墙，扶老人过马路，在人力车上坡时帮助推车等。当时特别提倡做好事不留名，遇上人家问："你叫什么名字？"要回答："我叫红领巾！"即使没被表扬，心里也特别高兴。

上四五年级时，我画了一幅"勤俭节约补袜子"的四格画，报名参加市少年宫的绘画培训班，被录取了。寒暑假跟郭诚意、刘卫平老师学习素描、写生、速写等。虽然后来没有以绘画为职业，但两个寒假和两个暑假的学习，培养了我基本的绘画技能，提高了我的欣赏能力与审美素养，丰富了我的情感与业余生活，对我大学毕业后当老师也有所帮助。

小学期间，我与同学上台表演过相声，去两百米外的东安电影院看过样板戏，去五一广场看过大游行与放焰火，玩过摔泥巴、拍烟盒、撞拐拐、弹蛋蛋、滚铁环、骑马打仗等游戏。我还经常到迎泽公园、人民公园（现文瀛公园）玩耍，到青年路游泳场学游泳，到汾河边的草地里抓蚂蚱，翻墙上树捉蝴蝶、撩猫逗狗、扣麻雀、挖虫、斗鸡、打老鼠等。我也打过架，还曾与父母赌气闹出走。

中学时代

1975年9月，我上中学了。

那时候，我们初中上三年，高中上两年。整个中学阶段，我都是在太原六中上的。

太原六中高中五十班毕业留念　1980年　范德峰提供

六中的正门是南门。一进去，两百米左右的主路直通教学楼。离门不远的路中央有个两米多高的墩台，上面树立着毛主席全身石雕立像。道路两侧种着槐树、杨树，夏日里繁茂的枝叶带来阴凉，鸟雀在上面飞来飞去。主路分开东西两个操场，东操场有篮球架、排球网；西操场有跑道，跑道中间有单杠、双杠等。礼堂和锅炉房也在西操场，我小时候曾经在锅炉房拣过煤核。

教学楼是一幢二层楼，条件比小学有所改善，冬天有暖气，不用烧火生炉子了。上课时偶尔能听到来自校宣传队吹拉弹唱的声音。当时大家都很羡慕校宣传队员，他们后来到了社会上多是各单位的文艺骨干。

学校最北面有个小花园，叫紫来园，有花草树木、假山与亭子。

我在六中的五年学习生涯中，大多数事已记不清了。印象最深刻的是1976年，我正上初一，大事情接二连三地发生。

上初中以后，已不像小学那样频繁地学工、学农、学军了。学工只是到陶瓷厂劳动几天。我因为在美术组，得到了进厂参观的机会，之后跟着美术老师在紫来园西侧一个院子里学雕塑，主要是烧制陶瓷孙悟空。从一个模子里翻出个泥胎，晾干后刷上釉子放到炉子里烧。记忆中没烧出几个像样的成品，倒是把一个半干的孙悟空拿出去让小伙伴们欣赏，颇受好评。

我的美术特长还发挥在出黑板报上，语文特长表现在开运动会时写通讯稿，其中表扬过一位女同学长跑摔倒后爬起来坚持跑完，她一直记得此事。我还是文艺积极分子，在全校文艺表演中参加小合唱，曲目是南斯拉夫反法西斯电影《桥》里的插曲《啊朋友再见》。

初中我的各门功课学得还不错。高中学习日益紧张。从小到大都属于那种听话孩子的我，也算刻苦努力，但数理化成绩不大理想。在高考前的预选中，虽进入快二班，可是在

1980年7月首次高考中却一败涂地，数理化无一门及格，总分只够上技校。我没有去大同电力技校报到，决定改学文科补习，第二年再考。

第一次补习插班在十七中文科班。

母亲在该校上班，这个校园我太熟悉了，老师们也大多是邻居。班主任孙光银老师教历史课，有时还要陪我们上晚自习。市中学地理名师贾炳光普通话标准，讲课条理清晰。语文王老师好像是北京人，后来我还在报纸上见过她发表的文章呢。李有昌老师讲数学，人家讲得特别好，怎奈我成绩差。

1981年预选，我的总分全班第一，但7月考下来，只达到中专录取线。班里两个人考上山大，一个人考上太原师专，仅此三人上了大学。去不去粮食学校？我心里不服，不相信自己考不上大学。继续补习!

二次补习换到十八中，和其他几名补习生插入文科班。班主任是市地理名师徐芮。她个子不高，但人很精神。补习费好像是一学期九十元。

我夜以继日地学习。眼看1982年7月的高考就要来临，6月我却住进了医院。先是一闻到炒菜的油味就恶心，继而眼白变黄，连续呕吐。父亲和母亲都急坏了，父亲推着自行车载着我，母亲扶着我，去了医院，经过医生检查，我得了急性黄疸肝炎。我家的一个亲戚在五一广场旁边的264医院上班，马上安排我住院治疗。我在这里花了百八十元后出院，但是离7月7日已经不到一周了。

第三次上考场，距本科线差九分，最终被太原师范专科学

太原师专中文十班毕业留念　1985年　范德峰提供

校录取。1982年10月国庆节之后，我骑着自行车到位于侯家巷的太原师专报到，成了一名大学生。

从基本没上过幼儿园，到师范专科学校，时间跨过二十三年。幸运的是，从上初中开始，国家各项建设步入正轨，我在中学打下的基础相对牢固。1977年恢复高考，我有了考大学的机会。大学毕业分配工作，我们八十年代的新一辈，满怀热情地投身教育事业，把青春和智慧奉献给四个现代化建设事业。

有意思的是，在写这篇文章时，我突然发现自己上过的那些学校，原来的名称大多消失了。新城街小学还在文庙东巷原来的位置，却变成了建设路小学；太原六中恢复了旧称进山中学；太原十七中先作为成成中学（太原三中）的初中部，现在名为成才中学；太原十八中有了一个更响亮的名称——太原市第二外国语学校；太原师专、太原师范学院、山西省教育学院合并成太原师范学院，搬入山西高校教育园区新址；那两个幼儿园早已不见了踪影。只剩下小五台小学名称未变。转眼之间，大学毕业也三十五年了，回首学生时代，非常感谢学校和老师对自己的培养，青春岁月赶上改革开放，乃人生一大幸事，我没有辜负学校和老师对我的培养，为社会做出了应有的贡献。

高考之路

讲述：姜　勇

采访：雷永莉

背景

　　1977年出生的孩子，如今已年过四十，成为中国经济建设的中坚力量。在他们刚刚降生的时候，中国社会正酝酿着一场重大的改革。就在那一年，关闭长达十年之久的高考大门终于重新打开了，全国有570万考生走进考场。这次考试不仅直接推动了中国的教育改革和教育发展，也为一个国家复兴和兴旺奠定了基础。恢复高考后的第一批考生，是中国改革开放的见证者、亲历者，更是参与者。

边插队边复习

　　2018年，姜勇办理了正式退休手续，反倒比以往更忙了，不是在省图书馆就是在山西博物院，读书、听讲座、看展览、参加社会活动，还加入了骑行队，锻炼身体，开阔眼界，在转山转水中陶冶情操。

姜勇说，如果没有高考，自己的生活里或许就不会有如此丰富的内容。

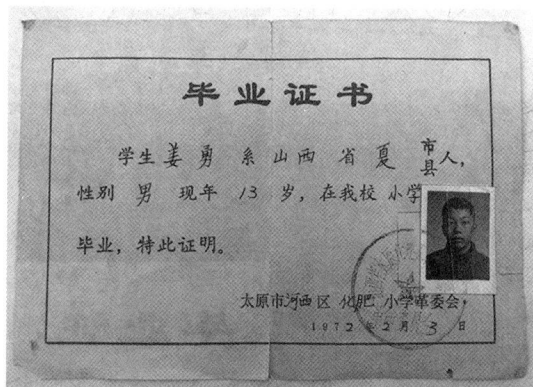

小学毕业证　1972年　姜勇提供

初中毕业证　1974年　姜勇提供

我们的教育方针,
应该使受教育者在德
育、智育、体育几方面
都得到发展,成为有社
会主义觉悟的有文化的
劳动者。

毛泽东

学生姜勇 现年18岁,男性,
系山西省夏县市(县)人。在
我校 高中 学习
期满,德育、智育、体育几方
面都得到发展,成绩合格。准
予毕业。

此证

一九七六年 七 月 八 日

高中毕业证　1976年　姜勇提供

　　1976年7月,姜勇从太原化肥厂子弟中学高中毕业。紧接着就要面对现实,按照当时国家的政策,城镇初中以上的毕业生,每个家庭只能留一个孩子在城镇就业,其他孩子必须到农村去接受贫下中农的教育,两年之后,根据所在的农村或农场的推荐,可报名参加城镇企事业单位的招工。去农村接受贫下中农再教育,参加农业生产劳动,大家习惯称"插队"。

　　当时,太原化肥厂的领导为方便本单位职工子女"插队",经与古交县、清徐县、南郊区联系,将厂属适龄子弟分别安排在两县一区中。姜勇和两百来名知青被安排到南郊区姚村公社高家堡青年农场。刚到那里时,知青宿舍还没有完工,他和队友们暂时安营扎寨在紧挨农场的一个临时腾出的部队营房里,接受军事化训练。每天天还不亮,他们就跟着士兵们一起跑操,像士兵们一样风卷残云地吃饭,像士兵们一样必须把被子叠成豆腐块，牙杯牙刷必须摆放整齐，手柄朝着一个方向。

第二年，农场里整整齐齐地盖起了几排平房，他们的军营生活结束了，搬到了崭新的宿舍。

在农场，他们的主要任务是翻地、插秧、种水稻。姚村距离晋祠不远，这里土壤肥沃，水质甘甜，种出的水稻能和晋祠大米媲美。优越的地理环境使他们在第一年就获得了丰收，过上了每天中午能吃一顿大米饭的幸福生活，早晚饭当然还得吃玉米面糊糊、窝头、咸菜。更让他们感到骄傲的是，食堂每周加一个炖豆腐菜。每到这一天，农场里就像过节一样热闹，周围村子的熟人早早端着粗瓷海碗来和他们套近乎，蹭一顿豆腐吃。那时，豆腐是普通人难以企及的美味佳肴，而吃一顿猪肉，是只有过年才能享受到的奢侈待遇。

午餐吃细粮，这是太原化肥厂知青农场远近闻名的原因之一，还有一个原因是，太原化肥厂的职工宿舍都是三层高楼，是太原的"西洋景"，而其他厂矿单位里只有平房。姜勇每当听到周围村子的知青对他说"走，到你们厂看看高楼去"，心里就油然而生一种优越和自豪感。

姜勇高中时是班里的班长，父亲是太原化肥厂医院鼎鼎有名的外科医生。来到农场后，他心里还在憧憬着自己的求学梦。机会终于来了，1977年，国家恢复了统一的高考政策，不论插队年限，插队生都可以参加高考。消息传来，知青们个个精神振奋，在单位领导和家长的鼓励下，都开始行动。根据自身的情况，有的想考大专，有的想考中专，有的想上技校，总之就是想走考试这条路，达到返城的目的。为了早点回家复习功课，根据不同人的考试时间，姜勇把自己小队的人组织起来，安排大家互相帮助集中突击几天，把农场分到个人名下的五亩稻田翻完，就可以请假离开农场回家复习功课。就这样，他得到了一个冬天的休息时间，待来年4月插秧时再回到农场，插完秧，5月底又回家复习。

参加厂办高考补习班

1978年，太原化肥厂适应恢复高考的形势，办起了高考补习班，培训对象是想参加高考的厂里的青年职工。代课的老师是从厂里20世纪五六十年代毕业的具有大专以上学历的技术人员和化肥厂子弟中学选出来的。报名来上补习班的职工，厂里给予支持和鼓励，根据各生产车间的情况，有脱产补习的，有半脱产的，也有不脱产的，利用倒三班的空闲时间参加学习，工资奖金照发。厂教育科还给补习班学生免费油印学习资料、复习大纲。补习班深受职工欢迎，报名者很多，第一期就开了三个班，每个班四十多人。姜勇虽然是化肥厂子弟，但他不是化肥厂职工，不具备进补习班的条件。因为他父亲是厂医院有名的外科医生，救过很多人的性命，他因此坐进了补习班的课堂。

遗憾的是，1978年参加高考后，姜勇以几分之差与大学失之交臂。他没有放弃，第二年继续复习，准备参加高考。此时，化肥厂高考补习班不知什么原因停办了。他成了化肥厂子弟中学高三年级应届毕业班的插班生，继续为理想奋斗拼搏。1979年，他心想事成，在父母、亲戚、同学、老师骄傲和羡慕的目光中，迈进了山西大学的校门。

姜勇清楚地记得考场上的小细节。有一个数学公式他怎么也记不住，临进考场前反复背诵公式，一进考场，当监考老师把草稿纸发下来后，他以迅雷不及掩耳之势把公式写在草纸上。说来也巧，考试还真用上了。那年他的成绩比理科录取线高出十几分。

从小在医生家庭耳濡目染，姜勇立志要当一个像父亲一样救死扶伤的医生。高考之前预报志愿时，姜勇本来打算报医学院，但父亲建议他学制药。他入校后才了解到，那时山西的几大制药厂大都生产化学药品，没有生物制药，他对父亲超前的眼光打心眼里佩服。

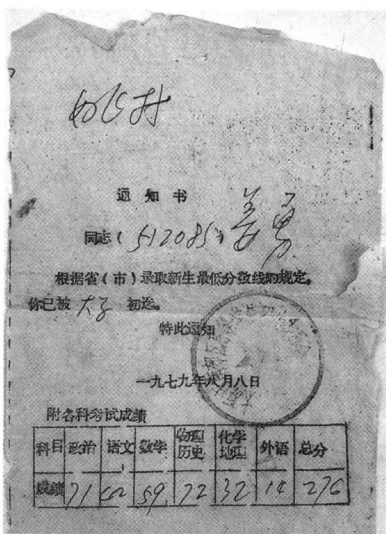

山西大学录取通知书　1979年　姜勇提供

校园生活

1977年、1978年、1979年，山西大学生物系的教材都是老教授们自己编写，班干部和同学们一起动手刻蜡版、油印的。学校有一个印刷厂，生物系办公室有油印机。作为班里的团支部书记，他带领同学们设法油印各种学习资料，满足全班的需求。

学习很艰苦。印象深刻的是生物化学这门课，代课老师是曾参与过1965年我国在世界上第一次人工合成结晶胰岛素工作的袁教授。他考试前从来不出大量的复习题，考试也不出需要背诵的题目，只有一道类似论文的题，课本上找不到标准答案，要想完成，必须读通课本，查阅许多资料，有自己的独到见解，至少需要花费一个月时间才能完成。

刚入学时生物系的教学楼和宿舍都在山西大学北院，每天天刚亮，外语系的学生们就开始在楼底下念英语课文、背日语单词，校园里处处都是琅琅的读书声和手捧书本的身影。操场上，有的同学跑步，有的同学跟着全国闻名的体育系陈教授学习杨氏太极拳、太极剑。

当时校园里流传着一条"八卦"新闻。山西大学有一位老师在20世纪50年代到俄罗斯留学时，和一位俄罗斯姑娘产生了异国恋。那位俄罗斯姑娘和他回到山西大学结婚，生了双胞胎女儿。他们的双胞胎女儿也是恢复高考后考上大学的，在山西大学外语系就读，一个学英语专业，一个学日语专业。姐妹俩一头金发，皮肤白皙，身材苗条，是山西大学的姐妹花。那个年代，大街上很少能见到外国人，姐妹俩穿着略带异国风情的服装，走在校园内特别惹眼。

大学一年级时，一间宿舍住八个人，每个宿舍为一个小组，每个小组发一套打饭器具：一个白皮水桶，一个大铝盆，一个大铝勺。到了饭点儿，室友们拎着桶，端着盆，拿着勺子，去学生食堂打饭。一个小组一桶玉米面糊糊、一盆窝头和白水煮菜。这样打饭的弊病很快就显现出来：每餐饭以小组为单位定量，不是按个人需要分配，有的同学不爱喝汤，有的同学不爱吃菜，剩下的就倒掉了；有时主食是窝头和馒头，每遇这种情况，同学们就抢着吃馒头，剩下的窝头只能扔掉，造成了极大的浪费。同学们希望学校食堂能改变方式，让每个人都能按照自己的喜好和需要打饭，吃什么打什么，吃多少打多少。恰好那年山西省省长罗贵波到山西大学调研工作时，来到了食堂，同学们围着领导讲出了这个迫切的要求。很快，他们的希望变成了现实，学校每个月给每位学生发放十八元助学金，用于买饭票、打饭。饭票面值以"两"为单位，有一两的、二两的，有细粮票、粗粮票。大家根据自己的情况购买，饭量大的十八元不够，饭量小的还能节省几元钱。

姜勇的父母都是职工，每个月给他二十五元钱，除了买饭票和公交车月票外，还能余下两三元，他就攒着买些牙膏、牙刷等生活必需品和一些学习参考书。有一次，他用攒的七元钱，到坞城路商场买了

山西大学校徽、饭票　1990年　张鹿樵提供

一条新裤子，那是他平生第一次还没过年就穿上了新裤子，兴奋了很长时间。

当时的大学生胸怀远大理想和抱负，刻苦学习，发誓要为实现四个现代化做贡献。经过四年的刻苦学习，姜勇于1983年顺利完成学业，怀揣着毕业证走向了社会。

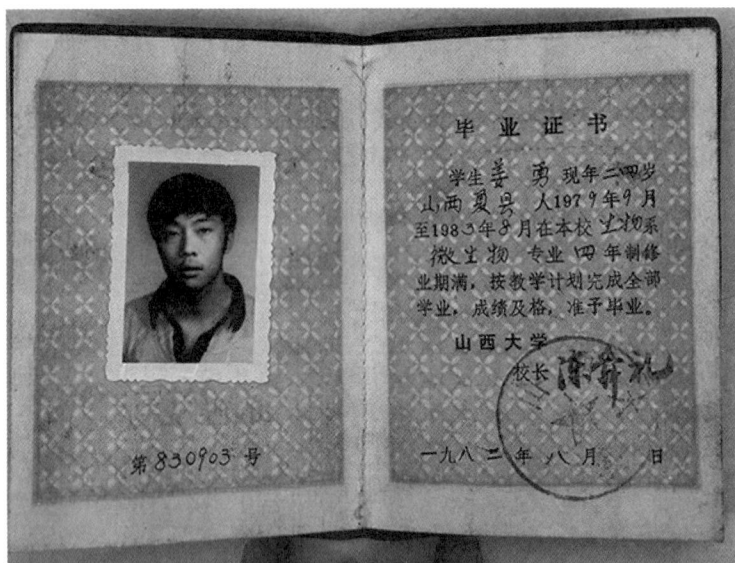

山西大学毕业证　1983年　姜勇提供

姜勇先在南郊区的食品二厂工作，干着和他的大学所学专业"发酵"沾点边的工作。但他心里始终保存着一份对太原化肥厂的深厚情结。1987年，太原化学工业公司招人，其中区域性的污水处理厂需要一名懂生物化学的技术人员。他报了名，调到了太原化工水厂工作，回到化肥厂宿舍区居住。

他在这个厂一干就是二十来年。这个厂是从太原化肥厂、太原化工厂、太原制药厂的水汽车间分出来而组建的新厂，他负责环保处的具体工作。他带领他的团队，为这个从小给予他骄傲和自豪的地方无怨无悔地奉献着青春年华。

彩虹九姑娘

讲述：武浩全

采访：雷永莉

背景

广告是商品经济发展的产物，其发达程度往往可成为衡量一个国家或地区经济繁荣的标准。作为一门有实用性的艺术形式，广告蕴含着特有的审美意识和审美心理。用广告推销如今看起来极为普通的饮料，成为社会发展的一面镜子，国家理想、社会意识、大众文化都在其中有所折射。

2018年8月11日，"庆祝改革开放四十周年时尚回响大型实物展"在太原美术馆开展。一位老人带着老伴、女儿、外孙伫立在展墙前，用手指着上面挂着的两张照片讲着什么。当他转过身时，熙熙攘攘的展厅里立刻有几个上了年纪的参观者凑过来，热情激动地和他握手，打招呼："这不是当年卖椰岛芒果汁的彩虹九姑娘的老总吗?"清瘦的老人身着短袖军装,身板挺直,黝黑的脸上一直挂着笑意。展墙上挂着的两张照片,一张是山西彩虹九姑娘商店迎接团中央领导视察时在商店门口的合影,一张是醒目的椰岛芒果汁广告赫然出现在伊尔–14飞机上。

在彩虹批零商店门前的合影　1983年　武浩全提供

这位老人正是当年让椰岛芒果汁风靡太原、家喻户晓的山西彩虹九姑娘贸易公司总经理武浩全。太原刮起芒果汁旋风是在1991年,那年他47岁。

白手起家,创办知青商店

1981年前后,全国知青陆续返城。如何让待业青年就业成了一个重大社会问题。为了解决这个问题,许多地方成立了"劳动服务公司"。

同一年，从部队转业回来的武浩全，被安排到山西汽车制造厂武装部，负责民兵训练，备战备荒。他说话爽快耿直，办事雷厉风行，走路健步如飞，获得过厂里组织的民兵比武第一名。

没过多久，山西汽车制造厂也加入了响应上级号召兴办劳动服务公司的行列，劳务大队、缝纫厂、饭店、修理厂、副食商店次第开张营业，解决了一批待业的十七八岁姑娘小伙的工作问题。武浩全受命当上了副食商店的经理。

在位于现在山西医科大学第二医院东边的山西汽车制造厂宿舍区一个偏僻的角落里，有一处废弃的库房。商店就选址于其中的两间半，大约有七十平方米。空荡荡的库房里除了厚厚的尘土、纵横交错的蜘蛛丝啥也没有。在部队当过十几年连长的武浩全，"一不怕苦，二不怕死"的部队作风和精神早已融入骨髓。白手起家，艰苦创业，在他看来并非难事。他带着几个十七八岁的姑娘开始建设他们的商店：搬来砖头，用自己和好的水泥沙子一层一层垒起来，就是柜台。砖墙破损不堪，自己动手用洋灰抹平整。柜台里摆上油、盐、酱、醋、香烟、火柴。就这样，山西汽车制造厂知青商店开张了。

上街卖货，引起舆论关注

家有家规，店有店规。武浩全让大家熟读背诵"老三篇"——《纪念白求恩》《为人民服务》《愚公移山》。

商店地理位置偏僻，开张头一天，只卖了七毛钱的货。武浩全没有气馁，他笑呵呵地鼓励姑娘们："今天卖七毛，明天可能就卖七块，人心齐泰山移，不愁买卖做不大。"

为了促进销售，武浩全想了个办法，组织姑娘们每天早上推着自行车站到街上卖香烟。数九寒天，滴水成冰，雪花飘飘，姑娘们每天早上准时出现在街头，售卖的香烟上苫着五颜六色的纱巾。路人骑着自行车路过，总要停下来，买一两盒烟，再捎带买一盒火柴。一盒烟四毛多，一盒火柴二分钱，一天下来，营业额增加了不少。

知青商店的姑娘们大胆地走出商店上街售卖成了省城的新鲜事，吸引了《人民日报》《中国青年报》《山西日报》《太原日报》等多家媒体前来采访报道。其中《太原日报》有一篇报道，题为《九个姑娘架彩虹》，受这个标题启发，武浩全把"山西汽车制造厂知青商店"改名"山西彩虹九姑娘商店"。

看准芒果汁，掀起广告狂潮

1989年10月，武浩全到石家庄参加一年一度的全国糖酒商品交易会。石家庄燕春饭店的房间几乎被参加会议的厂商代表们包圆了，每天一早，大家就在酒店门口的马路边摆地摊展销订货。"椰岛芒果汁"一下子进入了他的眼帘。二十多年前，毛主席给工人阶级送芒果的故事在他的脑海里留下了深刻的印象。作为北方人，从小熟悉的水果是苹果、桃、李子、杏、梨和大枣，在他的想象中，芒果应该是世界上最高级、最美味的水果了。但是，身居北方的太原人并不知其味，直觉告诉他，小小一罐芒果汁蕴藏着巨大商机。

回到太原，武浩全立即给海南椰岛芒果汁厂家打了两个十吨箱的货款，五万元现金。远在海角天涯的海南椰岛芒果汁厂立刻炸开了锅，从来没有人给他们预付过货款！从来没有人一次订这么多货！武浩全顺利地和海南椰岛芒果汁厂签订了协议，成为椰岛芒果汁的山西总代理。那时，响当当的饮料品牌凤毛麟角，健力宝可谓独占鳌头。在普通百姓眼中包装精美的饮料便是非常高档的礼品，是走亲访友的首选伴手礼。

武浩全过人的商业头脑从椰岛芒果汁的营销开始表现得淋漓尽致，他的撒手锏是不遗余力地用广告攻城略地。

当年11月，第一批货运抵太原，武浩全展开了冬季攻势，为的是预热夏季市场。他把芒果汁摆在五一路、海子边、钟楼街上，让消费者免费品尝。同时，《太原日报》、太原电视台等媒体几乎天天出现"芒果汁，海南产，海南山水没污染，九姑娘是代理点"的广告。当年夏天，从冬天开始一直持续不断的各种广告"轰炸"，让椰岛芒果汁迅速成为妇孺皆知的流行饮料，一进6月就出现了抢购风潮。

第二年4月，武浩全做出了一个惊人的举动——他租下一架伊尔-14飞机。飞机沿着建设路到五一路、新建路、解放路、河西，再从迎泽大街到府西街、府东街，低速低空飞行。一时间太原人倾城而动，扶老携幼、呼朋引伴，驻足观看。坐上这架飞机俯瞰全城更是很多人的向往。武浩全又出一招，集齐二十个芒果汁空饮料罐，就可以免费坐一次飞机。于是，市民们争先恐后地抢购芒果汁，都想坐坐那架飞机。

同年5月，两顶古色古香、装饰考究的花轿出现在繁华的钟楼街上，唢呐高奏，锣鼓喧天，坐在花轿上的新娘手里拿着芒果汁，抬轿子的人身披绶带，上面写着芒果汁广告。围观群众把钟楼街挤得水泄不通。一位正和女儿逛街的六十多岁的女士看到花轿特别激动，她告诉女儿："妈妈结婚的时候就是坐的这样的花轿！"她的眼光没错，这两顶花轿可是"文物"呢，被独具慧眼的武浩全挖掘出来，做了一次令人耳目一新、大开眼界的广告宣传。

炙手可热，经销商抢购芒果汁

广告效应让经销商挤破了彩虹九姑娘公司的大门，全省各地的经销商蜂拥而来找武浩全批发芒果汁，可是厂里的生产量有限，供不应求。为了拿到武浩全的芒果汁批条，经销商们八仙过海，各显神通。有的发动战友、同学、朋友等各种关系找武浩全；有的晚上就把货车停在彩虹九姑娘公司的大门口，自己睡在车上准备随时"围追堵截"武浩全。有一次，武浩全悄悄坐着工具车到迎泽宾馆开会，没想到，刚进电梯，一直偷偷尾随其后的一位经销商也跟着进去，求他批五百箱芒果汁。货源有限，人情无限，武浩全因此得罪了不少朋友。为了躲避人情，有一段时间，他不敢回家，在这个宾馆住一晚上，在那个宾馆住一晚上，躲躲藏藏，倒像自己做了亏心事一样。

短短半年时间，芒果汁成了炙手可热的抢手货。1992年，从海南运到太原60个车皮的芒果汁；1993年，山西人喝掉了160多个车皮共2500多万听芒果汁。

这个小小的副食品商店成了利税大户。1992年，"彩虹"的销售额达到3000万元，1993年达到6000万元，1995年达到1.5亿元。员工的工资节节攀升，人数最多时达到100多人。

彩虹九姑娘的销售战绩赫赫、闻名遐迩，体操冠军李宁慕名两次到太原拜访武浩全，请他代销健力宝，彩虹九姑娘成为除国有企业省糖业烟酒公司之外的健力宝唯一指定经销商。

武浩全创造了广告奇迹和销售奇迹，被山西省公关协会授予"三晋公关第一人"称号。1995年5月1日，武浩全出席了全国劳模大会。他登上天安门城楼，自豪地手拿椰岛芒果汁，请同时被评为全国劳模的"铁姑娘"温桂花，用傻瓜相机为他拍下了这个人生的巅峰时刻。

手拿椰岛芒果汁登上天安门城楼　1995年　武浩全提供

"下海"426天

讲述：尚庆华

📗**背景**

20世纪80年代初出现的停薪留职，是计划经济向市场经济转型时期的特定产物。当时许多国企处于改制阶段，国家鼓励在职职工"下海"自谋职业。很多体制内的工作人员，向单位提出留职停薪的申请，下海淘金，投身于一半是海水一半是火焰的人生体验中。

我"下海"了

1988年，国有企业随着改革开放的大潮纷纷转产，我所在的企业也不例外。看到社会上许多人纷纷下海经商，脱离自己的单位，到外面自谋出路，我也想自己出去闯一闯。

我鼓足勇气给厂里写了一封留职停薪的申请书。经厂务会研究，厂里批准了我的申请，条件是每半年签一次协议，每季向厂里缴纳本人月标准工资50%的劳保福利基金。我签字同意。

我"下海"了！

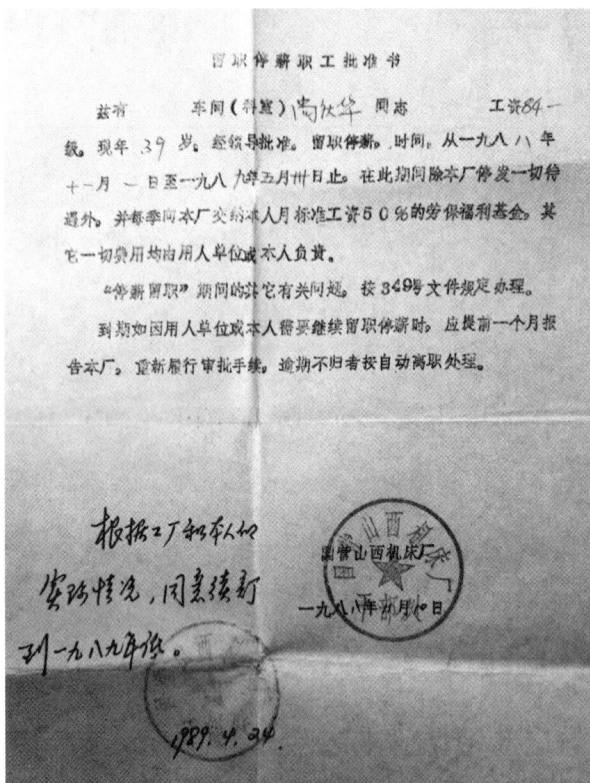

留职停薪职工批准书　1988年　尚庆华提供

"下海"之初，我协助爸爸妈妈做生意，挣钱维持家里的日常生活。后来在报纸上看到很多公司的招聘启事，心有所动，拿着报纸，一家一家打电话。问了几家，感觉不太满意，大部分公司的工资都在一百五十元左右，当时想着"下海"以后怎么也得挣个二三百，没想到一时半会儿还找不到合适的工作。

我是大型国企出来的，有文凭，有多年的工作经验，"下海"以后工资低了肯定不愿意干。我便拿着报纸上的招聘信息，骑着自行车一家一家公司去应聘。有一天我到了一家做生铁贸易的公司，和招聘人员谈了许久，还是没感觉。

于是我大胆提出要见公司老板，和老板谈。招聘人员去请示老板了，出来告诉我说总经理请我进去。我跟着他走进总经理办公室，见到总经理本人，不由得感叹，这么年轻！后来知道他比我小整整十岁，真是后生可畏。

经理很客气，请我坐下，问了我一系列问题，家住哪里，以前在什么单位工作，为什么来公司应聘等。我介绍了自己的简历，讲了为什么来应聘，想出来闯一闯，施展一下自己的才能，检验一下自己在社会上的价值……

通过交谈，经理同意招聘我，让我先当业务员，工资一百八十元，试用期一个月，同意的话明天就来上班。

回到家，思前想后，我决定去试试，一个星期干不好就不干了。第二天我去公司报到，经理让我去业务科，主要负责生铁销售工作。那些年生铁市场很好，要生铁的单位很多。我通过自己的努力，工作很快得心应手，从签销售合同到发运，再到厂家验收、收款都能独立完成。半年后，月工资涨到六百五十元。"下海"以后，我给公司创造了效益，自己的劳动也体现出价值。

这时候，我和厂里留职停薪半年的合同到期了。由于我工作表现突出，公司建议我辞掉工作来上班，工资还可以继续商量。我和爱人、父母商量，他们都不同意我辞掉工作，怕今后政策有变化，虽然公司挣钱多，但国有企业有国有企业的优势，尤其我们还是央企。

我举棋不定，便给厂里打电话，说明情况后，又续了半年留职停薪的合同。第二天，我给单位交了50%的基本工资，回到公司。经理让财务将这笔钱全部报销，我非常开心，从内心感谢公司经理对我的信任。有能力有付出，就一定能得到回报，这给了我继续干下去的决心。

从武汉回太原的那一晚

1989年夏天，公司派我去湖北十堰第二汽车制造厂（以下简称"二汽"）出差，同厂家验货。经理还专门告诉我，完成任务后可以在武汉玩几天，看看武汉长江大桥。

那次的工作非常顺利，二汽也很满意，事成之后专门派人陪我游览了武当山。我在黄鹤楼顶鸟瞰武汉全貌，看到了武汉长江大桥，非常激动。我想起了毛主席的词"一桥飞架南北，天堑变通途"，这幅画面此刻就真实地呈现在眼前，我赶紧拿起相机拍下来。

回到太原后，照片在彩扩中心洗出来了，我一看，取景、构思、画面都非常好。武汉长江大桥是新中国成立后在"天堑"长江上修建的第一座大桥。我们曾无数次在报纸、画册、新闻纪录片中看到过武汉长江大桥的壮丽身影，它的意

武汉长江大桥　1989年　尚庆华提供

义非同寻常，所以这次出差给我留下了深刻的印象。

　　1989年12月30日，留职停薪的期限到了。单位通知我，根据国家新出台的规定，干部不能留职停薪，得回厂上班。正好快过年了，单位让我春节后去上班。

　　我跟公司经理说了厂里的规定，经理很通情达理，说：那你就回去上班吧，什么时间离开随你。这样我便成了公司的临时工。春节前，公司派我去湖北十堰二汽催款。

　　办完事已经是腊月二十八，大家都急着回家过年，火车票非常紧张。二汽的同志抱歉地告诉我，只能买到站票。站票也要回家，我赶紧收拾好东西便出发了。

　　我拿上火车票，直奔火车站。排队的人很多，进站后看到车厢门口已经挤满了人。我拼命挤进人群，随着人流一点一点地往车厢门口挪，终于踏上踏板，挤进了水泄不通的车厢。

火车开了，我站了十二个小时来到武汉。出站后又累又饿，我就在车站附近找到一家饭店吃饭，顺便休息了一下，一边惦记着武汉回太原的车票好不好买。我急急忙忙地吃了两口饭后就赶紧去售票处，问有没有去太原的车票。售票员回答：有！买上票一看，不但有座位还是靠窗户的。这下我放心了，轻轻松松上街逛了逛，还给家里买了些年货。

年后不久，我正式辞去公司的工作，回到单位上班。单位领导对我这一年停薪留职的经历也略有耳闻，他说："你这个人能说会道，适合搞销售工作，去销售处吧！"这是我喜欢的工作，就高高兴兴到销售处报到去了。

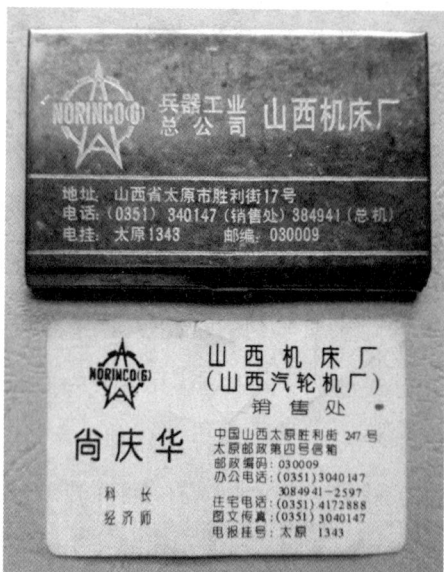

在厂销售科工作时的名片　1994年　尚庆华提供

"下海"一年多在外打拼，我学到了很多销售技巧和方法，这些经验到了销售处很有用，一年干下来，我业绩突出，受到领导和同事们的表扬。就这样，我在销售处一干就是十七年，直至2007年退休。

　　从1988年11月1日至1989年12月30日，我"下海"426天，在市场经济的大风大浪里锻炼和充实了自己，体会到了劳动的价值，赚到了自己人生的第一桶金。1991年，太原市南城工商局集资筹建东城服装市场（服装城），我果断投资三千元购买了一间店面。"下海"经商改变了我的观念，也改变了我的生活。我从此一边上班一边经商，批发服装成了我的第二职业，一直干到现在，每天还在忙忙碌碌，乐此不疲。

　　事后才知道，我是当年厂子里唯一一个停薪留职"下海"的干部。

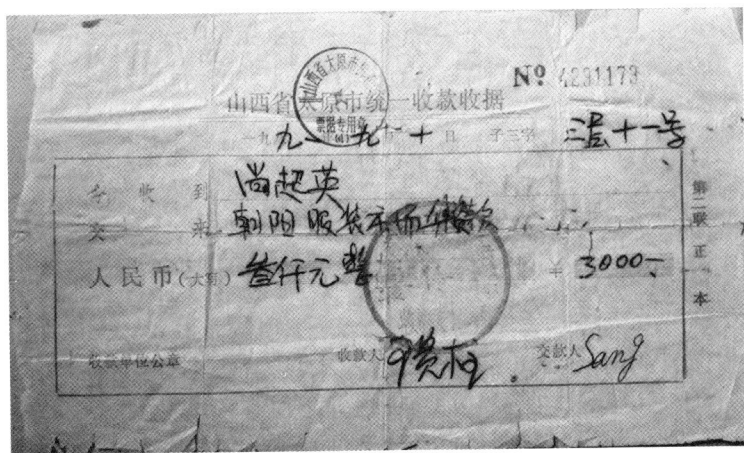

朝阳服装市场集资款收据　1991年　尚庆华提供

我是一名"五大生"

讲述：吴保元

背景

    1978年，中国进入改革开放时代，社会对知识和学历的需求大大提高。在这种背景下，"五大生"应运而生。"五大生"即通过自学考试、广播电视大学、职工大学、高等学校举办的函授大学和夜大五种非全日制教育取得学历文凭的毕业生。非全日制教育为更多人提供了接受高等教育的机会，极大地弥补了我国高等教育力量的不足，为广大求学者在高考独木桥之外，另辟了一条接受高等教育的途径。

刊授大学的学习经历

    我的父亲是一名初中毕业生，他一直希望家里能走出一名大学生，所以我一出生父亲就对我寄予厚望。谁知世事难料，我在求学的路上竟走得如此艰难。

从小学到初中，我一直是班里的优等生。初中临近毕业，由于特殊原因，别说上大学了，就连上高中都成了奢望，我没办法，只好依依惜别了眷恋的校园。

1970年5月，我走进太原电池厂，成了一名电池生产流水线上的操作工，但我心中始终有一个愿望，那就是只要有机会，我还是要去上大学的。工厂里的同龄人在完成工作任务后就去玩耍了，有相同志向的人很少，有时候我难免觉得气馁，但内心对知识的渴求战胜了随波逐流。我一直没有放弃读书，工余只要有时间，就会捧起没有读完的初中课本，或者是当时能找到的文学名著，以及我一直喜爱的美术书，认真地读起来。

1978年，机会终于来了，我们厂成立了子弟学校，由于我平常爱学习，又常常在车间出板报、写宣传栏，就被调到了子弟学校工作，当了一名美术教师。

在车间大家比的是谁生产的产品多、质量好，在学校里大家比的是谁的知识丰富，谁能给学生传授更多的东西。这样的环境更加激发出了我要继续学习的动力，于是我积极报名参加了太原师范专科学校举办的教师函授进修班，恶补我落下的高中阶段的数理化等知识。经过四年函授学习，我顺利拿到了太原师范的毕业证，获得了小学教师的职业资格。

1981年3月，《山西青年》杂志3月号刊登了要开办刊授大学的消息，而且不设任何门槛，不管你年龄多大，学历如何，只要你是一个渴求知识、想圆大学梦的人，都可以来上学听课。在这期杂志中，还有刊授大学的报名表，时刻盼着上大学的我，立刻在第一时间填写了报名表，交了每年三元的学费和十几元的教材费，还订阅了全年的《山西青年》杂志，领取了学生证和校徽，成了一名刊授大学的学生。

《山西青年》刊授导报　1985年　吴保元提供

对于现在的年轻人来说，刊授大学是一个完全陌生的概念，那么多文化水平参差不齐、年龄差异很大的人怎么能学到一块呢？但在我们这一代人心中，刊授大学（以下简称

"刊大")给予了我们追求知识的机会，是非常令人向往的。我们不但能学在一起，而且还能利用各自的优势，互帮互学。年龄大的可以利用自己知识渊博的优势，给年纪小的学友讲解难懂的古文知识，而年纪轻的又可以利用自己记性好的优点，帮年纪大的学友复习教材中的重点、难点。

刊大是一所没有围墙的大学，一经开办，立即在全国引起轰动，学生最多时达到五十多万。刊大圆了许多人的大学梦，也改变了不少人的人生。童话大王郑渊洁、著名相声艺术家姜昆就都曾是刊大的学生。

当时，全国有数十万刊大的学生，虽然刊大在别的省市也设有辅导站，但是太原本地是学生人数最多的，所以刊大总校每月都安排大学老师在当时太原市最大的，能容纳数千人的湖滨会堂进行面授辅导。然而就是在这能容纳数千人的湖滨会堂，每次开课也是人满为患，连过道上都是席地而坐的学员。

自从上了刊大，因为要订杂志，要买辅导教材，我每月必读《山西青年》，上面有刊大的课程安排和教学时间。这样下来，虽然每年只需几十元钱，但对当时月工资只有三四十元而且还要养家糊口的年轻人来说，也是一种经济压力，于是我就想到了勤工俭学。

我想到的主意是去新华书店批发刊大学生急需的书籍，在每次面授辅导课开讲之前的两个小时内，卖完一包书。刊大的学生学习非常自觉，一旦到面授辅导日，都会提前半小时，甚至一小时就来了，我正好可以利用这个时间卖书。

我自己就是刊大学生，所以批发书的时候有的放矢，像《写作大全》《成语词典》《现代汉语词典》，都很受同学们欢迎。当时批零差价很低，只有百分之三，虽然每次我只能赚三到五元，可这不仅缓解了我经济上的压力，众多同学的买书热情还给了我强大的学习动力。

从一开学，我们就被明确告知，即使按规定学完所有课程，也只能给大家发一个结业证，但这丝毫没有影响大家学习的积极性。在我的学友中，就有一位是我的小学老师，别看他的年纪比我们大十几岁，可那学习的劲头比我们这些年轻人还足。他总是利用一切时间做学习笔记，强化记忆，并且第一个完成了全部学业。在他的影响下，我组织了一个有五六个人参加的学习小组，这样一来，大家互帮互学，成绩都得到了迅速提高。我们这个学习小组在获得知识的同时，还有一个意外的收获，那就是有两个学友在互帮互学的过程中，相互爱慕，日久生情，喜结连理。可惜那时通讯不畅，我们后来失去了联系，我没能去参加他们的婚礼，事后偶尔才得知他们组成了幸福家庭。

1981年，经国务院批准，国家出台了自学考试制度，按规定，通过努力学习，学完规定的课程，并取得相应的成绩，国家自学考试委员会就会颁发一个全国都承认学历的毕业证。自考制度旨在通过国家考试，促进个人自学和社会助学活动，适应社会主义现代化建设的需要。

我们学习小组的同学们通过不懈努力，全都通过了相应的考试，拿到了毕业证，圆了大学梦。

自学考试单科合格证书　1984年　吴保元提供

知识就是财富，大家在取得大专学历后，工作岗位也都得到了相应的调整，实现了人生价值。我也和大家一样，获得了大专学历，实现了人生理想，圆了大学梦。在这里，我要谢谢《山西青年》，谢谢刊授大学，谢谢所有帮助过我的人。我的青春没有虚度。

在刊授大学，我学习了《古代汉语》《现代汉语》《写作知识》等十几门课程，为以后的工作打下了坚实的基础。我从学校调到机关后，这些知识让我受益匪浅，我在文字工作的岗位上成长迅速。在刊大学习的经历，还让我养成一个好习惯，那就是每天都读书读报，不断学习，更新知识。退休后，我又被原单位返聘，重新上岗，主编一份内部杂志——《双塔学堂》，受到领导和同事们的好评。我还常常写些不同类型的文章，投给相应的报刊，目前已有数十篇文章发表。

儿子和孙子的求学经历

转眼间，儿子也到了上大学的年龄，受当时家中经济状况所限，儿子从职业高中毕业就参加了工作。为了适应工作岗位的需要，他也和我一样，在职上了山西大学的夜校，拿到了大专毕业证。进入新世纪以后，孙子开始了求学之旅，这次我们全家上阵，努力为他创造一个良好的学

孙子收到录取通知书后祖孙三代合影　2019年　吴保元提供

习环境。孙子不负众望，踏踏实实学习，认认真真读书，终于在 2019 年以优异的成绩考取了中国民航大学，成为一名全日制大学生，圆了我家四代人的大学梦。消息传来，全家人非常激动，我更是逢人便讲这件大喜事。举办了隆重的庆贺家宴后，我们一家老少三代人一起把孩子送到了大学校园。

取票证

讲述：李克明

背景

　　铁路是国民经济大动脉。七十多年来，我国铁路发展取得了巨大成就，交通运输面貌发生了根本性变化。铁路运输的迅猛发展对各行各业都产生了广泛影响，极大地推动了人员流动、信息流动、物资流动，促进了社会的巨大进步。

第一次坐卧铺

　　1953年到1987年，我在太原双塔寺铁路宿舍生活了三十多年，作为铁路职工子弟，享受过诸多铁路系统内部福利。那时候每个铁路职工一年有两张局管内的家属铁路免票待遇，开一次有效期为一个月，用完要交回原单位。铁路职工尤其是工程建设部门的人员长年在外工作，难得回家团聚，国家为照顾家属子女方便探亲，制定了免票政策。那个年代，这个免票待遇曾让众多路外人员羡慕不已。

1969年国庆节刚过，父母安排我去天津看望兄长，给我开了一张去天津的免票。那天正好轮到邻居跑那趟太原到北京的88次直达快车。上车后他把我安排到卧铺车厢最边上的一个包厢，四人一间，上下铺，座椅非常舒适，邻居说这叫沙发座椅式软卧。

第一次坐着有沙发的软卧去北京，我兴奋得一夜没睡觉，感觉特别自豪和激动。

到达北京站后转车去天津，签了上午十点的火车。这是我第二次去北京，上次去很遗憾没能在天安门前留影，这次一定得补上。

离开车还早，我就去站前的一个国营饭店吃了两碗老豆腐、三根大油条，真是太好吃了。当时，北京站前的地铁刚刚修好，还没有开通，我坐站前的公交车，花了五分钱，到了天安门广场。

刚过国庆节，广场周围的建筑上红旗飘扬，天安门及广场周围的灯杆上有高音喇叭，循环播放着当时最流行的《歌唱祖国》《我们走在大路上》等革命歌曲。

那天天气晴朗，艳阳高照，天安门城楼在蓝天白云的映衬下显得格外雄壮美丽。

我在广场上转了一圈，看见排队照相的人很多，大概有百十号人，每个人手中拿着个信封。我也领了个信封，写好通信地址，就排队等候。大约排了一个小时，感觉快误车啦，我挺着急，就赶紧到前面和照相师说明情况，并拿出我的免票证明让他看。他拿着免票看了看，上下打量了我一番，就在众人面前晃了晃，说："这个小伙子要赶十点的火车，先让他照。"排在前面的几个人没意见，还拿过免票反复欣赏着，说："只听说过免票，还没见过。"

照完相，我又急匆匆地坐公交车返回北京站。到达站台时，开车铃已响，刚上车，车门就关了，还没找到座位，车就开动了。

在我的记忆中，网络售票出现之前，无论是早年的老南站还是后来的太原站，无论白天黑夜，售票大厅永远人满为患，人们排着看不到头的长队。后来，售票大厅的每个窗口都装上了不锈钢栏杆。

售票员坐在窗口，身旁有两个木架子，排列着不同车次、不同目的地的火车票。听完旅客的需求，售票员转身从木架上抽出相应的车票，用简易的砸票机将年、月、日信息打印在车票上，用胶水在车票背面粘一张小纸片，上面标有车次、车厢号、座位号，之后用算盘计算好车票价格，收钱。把票交给旅客后，售票员还要在一张表格上标出本车次的剩余量。

整个过程全部是人工操作，十分复杂，最快也得两三分钟，想快也快不了。

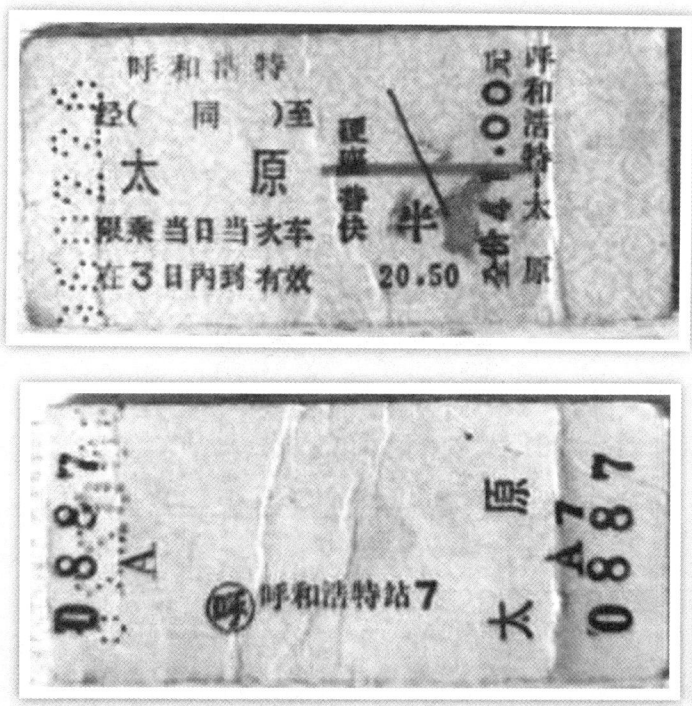

纸板硬座车票　1996年　刘润世提供

　　当时人们的出行要求不高，有张硬座票就很满足了，要是能买上靠窗户的票，就会感叹今天的运气真好。

　　2003年，儿子考上武汉科技大学，我们一家从太原到武汉，坐着软卧去送他上学，美美地风光了一把。

取票证横空出世

　　1978年，改革开放的春风吹遍了祖国大江南北。各单位外出开会交流、洽谈业务日益频繁，铁路运力更加紧张，买票难可想而知。

为了给党政机关、军队、重要大型企事业单位出差、开会做好票务服务，铁路部门推出"订取票证"制度。我当时已经从工厂调到省粮食部门工作，所在单位有幸可以享受这一待遇。

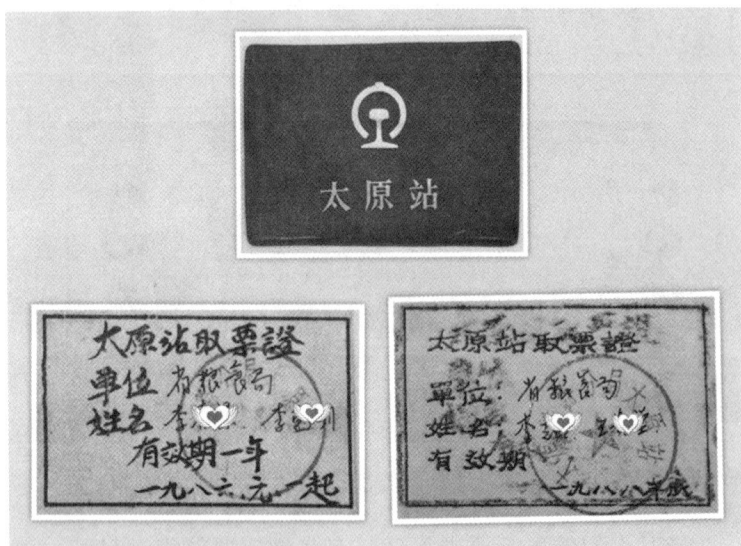

取票证　1986年、1988年　李克明提供

1985年前后，单位领导找我谈话，要将订取票任务交给我，为了这件事，机关办公会专门发了个有关订取票的会议纪要。

按规定，享有此待遇的单位需指定专人在每天早上八点到九点，打电话到太原站指定的铁路电话订票。我提前将各处室所需的票统计好，每天到办公室第一件事就是赶紧打电话订票。各订票单位都在同一时间拨叫同一个号码，所以对方经常占线。我生怕订不上票误事，只好守在电话机前一次次重拨，有时候半个小时才能打通。

在电话里订好票，我还得赶紧到车站去取前一天订好的票。售票大厅专门设有一个订取票窗口，与普通的售票窗口分开，这里的人相对少一些，但每次也得排队。大概在1987年，订取票服务搬到了行李房对面的二楼，条件又改善了一些。

在我手里，取票证的利用率特别高。除了本单位干部职工出行，每年召开两次全省系统的工作会议等，参会人员返回当地的票也都由我负责。五年里，我从来没有因为买不上车票而耽误大家的行程。

走走停停的慢车

1987年秋季，上级调拨给单位一台北京汽车制造厂合资生产的切诺基213越野车。车还在组装线上，领导派我先去北京办理相关提车手续，怕晚了提不上车。

我买了一张去北京的卧铺，睡一觉就到了。到北京后得知，调拨单还在涿州同系统单位，需要自行取回。我返回北京站，买了一张到涿州的无座站票。幸好我知道每节车厢100号以后不对号，是给铁路职工通勤预留的。我顺利地坐到了涿州，没受罪。

在涿州办完事，返回车站，买回北京的票，结果也只有站票。那天站台上人特别多，那时年轻力壮，我好不容易挤上车。车厢的通道里全是人，列车员开关门都挤不过去，最后只能把钥匙传给在门口的旅客，让人家帮着关上门。

这趟车是那种站站停的慢车，到北京七八十公里的路足足走了两个多小时。大家的目的地都是北京，中途基本没下车的，我在车上整整站了一路，下车后腿脚都不能动了。回到系统招待所休息了一天才缓过劲。

时代变迁

如今，经过多年旧线路改造和新建高铁线，铁路多次大提速。如今遍布全国的四通八达的高铁、动车，随时把你送到你想去的地方。人们出行的方式也有众多选择，飞机和火车软卧也不再凭介绍信、论级别才能坐了，高速公路上行驶着各种高级大巴车，更多的私家车载着人们对美好生活的梦想奔向未来。

太原到北京的动车、直快、特快，加起来一天三十多趟，高峰时间十几分钟一趟，比公交车都频繁，随到随走，不用提前买票。再看车票，从以前的硬纸板票、粉红色纸质票、蓝色磁介质车票，再到现在凭身份证及无票刷脸进站上车。从硬板票到电子票，火车票进入第四代，这是几代铁路人科技创新的成果。

时代变化之快让人眼花缭乱。过去人满为患的售票大厅略显冷清，售票窗口还在，但排队者寥寥无几。

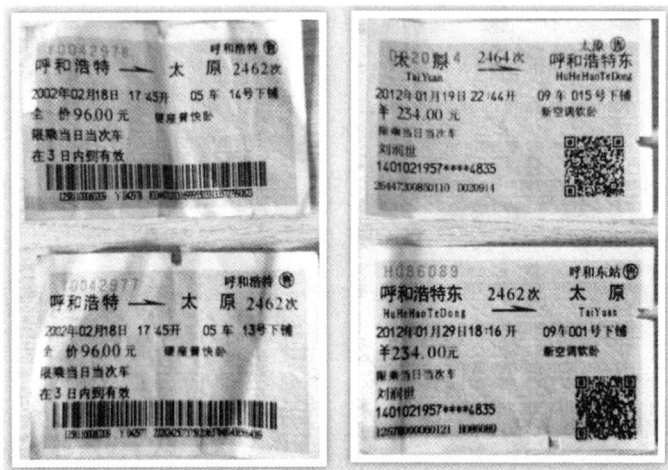

纸质车票　2002 年、2012 年　刘润世提供

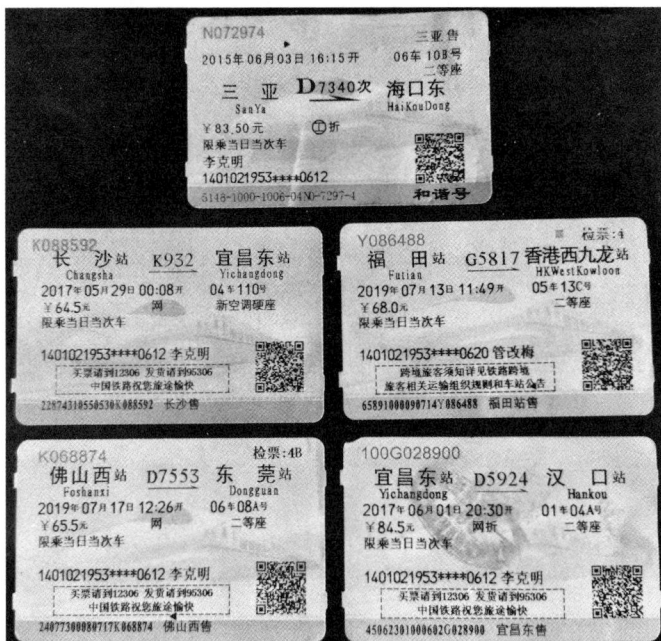

磁介质车票　2015 年、2017 年、2019 年　李克明提供

当年的订票制度随着历史前进的步伐早已被淘汰，取代它的是先进的网络订票。铁路系统的电话订票也不再是特定单位的专利。2011年，铁路12306订票系统推出，我当时已快退休，但对这个新闻特别关注，第一时间就注册安装了应用程序，实操购买了一张太原到北京的路过车次的硬卧票。支付成功几个小时后，我在网上办理了退票，被扣了二十块的退票费，但我体验到了网上购票的乐趣，值了。

车站自助取票机　2019年　李克明提供

宽大舒适、装修豪华、设施完善的高铁车厢，时速三百五十公里的高速，一列列时代列车奔驰在祖国大地上。在车上可以上网玩微信，即时直播，甚至一部大片还没看完就到站了；到北京可以当天往返；到上海、杭州朝发夕至，没有劳顿之苦，这在过去想也不敢想。

在结束这个回忆之时，无纸化车票、旅客刷脸进出高铁站乘车的新举措已在全国多个车站实施，车站的自助取票机都要下岗了。

刷脸进车站　2019年　李克明提供

取票证是特定年代下无奈的选择，那时有谁能想到人们足不出户就能在电脑、手机上买到你所需的车票，既能选座还能订餐？人们再也不会因买票犯愁。取票证从诞生到消失，记录着历史的变迁，时代的发展。这一切值得我们回味与铭记。

正月十五做花灯

讲述：左　遂

📗背景

国营企业的工人们以厂为家，具有强烈的主人翁意识和集体认同感、荣誉感。工人的文化生活在一座城市中扮演着重要角色，厂矿的球队、宣传队、正月十五闹红火的表演队伍里，名人辈出。厂区门口的花灯展也曾是春节期间市民期盼的大事儿，也是各厂矿单位比拼财力、物力和智慧的舞台。

那一年的"孔雀开屏"

吃过晚饭，我和老婆、儿子说："走，我们去厂里看灯。"从宿舍走到厂里需五六分钟，一进厂就看见观灯的人已经熙熙攘攘，办公楼正中间，人们围着一盏灯品头论足，正如我所料。

抱起儿子，和老婆挤到前面，只见一只蓝孔雀正在开屏。

"这是哪个车间做的?"

"这灯肯定是铸造车间做的!"

听见人们议论，不管认识不认识，我接上话："就是我们车间做的。"

这段往事发生在1985年3月6日，那一天是农历正月十五。这是我在车间做花灯十几年里最有成就感的一次。

孔雀开屏灯　1985年　左遂提供

我是1970年进山西电机厂上班的，进厂分到铸造车间，1976年以后，人们的生活慢慢开始发生变化，过年也不再公开提倡过"革命化的春节"了，正月十五有些人家开始挂起了灯笼。各家工厂的工人师傅都不甘寂寞，纷纷自己做花灯。

刚开始几年，厂里每个生产班组做一个灯笼。我们车间十四个班组，每年做十几个灯笼。进入80年代，逐渐变成以车间为单位做灯了。班组没有经费，只能因陋就简，去安装维修班找几根八号铅丝，再买几张彩色纸，很快花灯就做好了。车间就不同了，有独立的财务，有调配人员的权力。做灯需要什么材料，厂里没有的话就去买；做灯的人员调配也容易解决，所以具备了集中力量办大事的条件。

虽然大家都是做花灯的业余选手，但每个人都怀着极高的荣誉感来完成任务。因为到了正月十五，各车间、各科室都要把自己做的花灯摆在厂部办公楼前，接受全厂职工、附近居民的点评。

我在铸造车间。车间积极参与做灯的热心人总是那二十多个人，我是其中之一。

1985年过完年，又到了做灯的时候，车间新当选的工会主席闫太康和我们商量：去年太航仪表厂有了机械化的灯，我们能不能也来一个？今年厂里做灯要评奖，厂里还从来没人做过机械灯，咱们要是能做一个机械灯，很有可能拿第一。

我们铸造车间是1970年投产的新车间，在一片菜地上拔地而起。一切都是崭新的，连我们这些工人都是当年新招收的，平时车间里充满了朝气蓬勃的气氛。不论厂里组织什么活动，我们车间每次都要争当第一，厂里举办迪斯科舞蹈大赛、拔河比赛、智力竞赛、长跑比赛、接力赛，我们都抱着拿冠军的决心参与，最后结果总是证明我们就是有这个实力。这次太康要求做一个能动的机械灯，算是个新的考验。

虽然没有做过机械灯，但我们有一支技术过硬的维修安装班。那些年在工厂干活的人都知道，很多设备不是你想买就能买到的。所以厂里提出口号：有条件要上，没条件创造条件也要上！车间成立了安装维修班，担负起各种机械设备的制作、安装与维修。

我们一群青年跟着几个师傅没日没夜地工作起来，根据生产需要，一台一台地添加设备，每一次都是新考验。几年中我们制作了多台天车，单梁的、双梁的、龙门的，旧砂回用，新砂配制，总之需要什么就做什么，参照兄弟厂的设备，设计成适合我们铸件要求的新设备，一台一台地填补生产需求，逐渐由人工出力变成机械出力、人员辅助，不但减轻了劳动强度，还大幅度提高了铸件质量。

这样几年锻炼下来，维修安装班的年轻人个个都成了多面手，我们车间几乎所有的机械设备都是维修安装班自己制作安装的，做一个花灯应该不成问题，只是时间紧了一点，只有十天的时间。

第二天，钳工邵鸿启就画好了一张孔雀开屏灯的图纸。大家群策群力研究制作方案。

我是车间材料员，负责准备做灯需要的各种材料。做灯的师傅们写了个清单，列出所需要的各式各样的材料，能自己加工的自己加工，有现成代用的就拿来用，剩下的赶紧去买。

做机械灯要比糊灯笼复杂多了，灯内部要安装机械传动，包括电机、减速机、丝杠、卧轮、限位开关、行程开关、时间继电器、传动杆，每一处都要布置得恰到好处，这是灯的心脏和大脑。

经过五六天的反复安装和调试，孔雀开屏灯的骨架主体终于完成。

花灯骨架做好之后，就轮到娘子军出马了。我们车间十多位女工都心灵手巧，干起活来毫不含糊。我还是负责材料，娘子军需要什么材料我随时提供，现在记得的有彩色铝箔、皱纹纸、尼龙纱。女工都是倒班的，做灯期间没一个人耽误自己的工作，上了早班的下午做，上二班的上午做，上夜班的白天做。车间办公室的同事有空就来帮忙。

经过十天奋战，一台机械灯布置在了灯展的最突出位置。接通电源后，按下开关，一只栩栩如生的孔雀装饰着五颜六色的彩色小灯泡，慢慢张开了漂亮的尾巴，真是漂亮极了。花灯由时间继电器控制，孔雀每隔几分钟开一次屏，看得人们目瞪口呆。

电机厂有了第一个机械灯！

从那一年起，厂里开始进行年度花灯评选，每次选出前三名。我们的"孔雀开屏"拿到了首届冠军。虽然奖品只是一纸奖状，但我心里非常高兴。

金龙灯再次拿第一

转眼又到了1986年春节后，我们想偷个懒，把"孔雀开屏"再摆到台上参展，毕竟机械灯的成本比普通灯高了好几倍，只去年摆了几天就淘汰未免太可惜了。就在这时，我们接到厂领导通知，说"孔雀开屏"被街道办事处征用了，代表街道办事处在南宫灯会参展。

孔雀开屏灯被汽车拉走了。太康说，厂里搞灯展可不能没有我们铸造车间的灯。商量半天，最后大家决定做一个龙灯。龙灯虽然不属于机械灯，但金光灿灿，夺人眼球。

太康和两个焊工师傅一边比画一边焊，一天就把龙骨架做好了，然后交给车间女工。她们连续奋战几天几夜。大家都是倒班，我是长白班，和早班的一起来，和二班的一块走。终于一条生动的金龙灯挂在了厂办公楼前，这一年我们的金龙灯再次拿到第一名。

金龙灯　1986年　左遂提供

我们的邻居厂太航仪表厂、太原电解铜厂、山西送变电公司、山西省安装公司年年都做很多花灯，每到正月十五就是我们带着孩子观灯的时候，看谁家的灯做得好。从1980年到2012年，厂里每年都做灯，只是我们老职工都退休了，大型的灯就做得少了。2012年并州路拓宽后，人行道和非机动车道合并，路边不好放灯了，我们厂也在政府的规划下迁到太原高新开发区。

1993年，电机厂铸造车间下马，我被调去做销售工作，没有机会做花灯了。我每年正月去尖草坪买两个现成的灯笼，省事倒是省事，但也失去了做灯的享受。如今退休十几年了，我再也没有自己动手做过灯，但每年正月初一到十五，当年在车间做灯的一幕幕就会浮现在脑海中。

我们当年一百多名新徒工，最小的几个人都是1954年出生的，到2014年就全部退休了，都在家当起了爷爷奶奶，安享退休生活。正月十五挂红灯的习俗会一直延续下去，灯展年年都会有。唯愿我们的花灯越来越好，祖国越来越强盛。如今，一进正月，城市里沿街的树上挂满各种彩色的串串灯，蔚为壮观。看到这一幕，回顾新中国七十多年的发展变化，我的心中颇为自豪。

双休日

讲述：赵春玲

📗**背景**

　　1995年，时任国务院总理的李鹏签署了国务院第174号令，发布《国务院关于修改〈国务院关于职工工作时间的规定〉的决定》，决定自1995年5月1日起实行双休日制度。这是新中国首次节假日制度改革，它和1999年黄金周制度、2007年传统节日制度、带薪年休假制度一起，极大地改善了人们的业余生活。

战斗的星期天

　　大姐和新中国同龄，作为家中的老大，她15岁就参加了工作，在省建（山西省建筑工程公司）直属三队的工地上当小工。1982年，大姐从省建调到太行生活服务公司电工组。从参加工作开始，她都是周一到周六上班，家中的大小事情，都安排在礼拜天集中办理，一天时间安排得满满的。

一家五口人里里外外换洗的衣服、床单、被罩堆了一大盆，她拿个小板凳坐在洗衣盆前，将衣服打上肥皂在搓板上一件一件反复搓洗。所有衣物洗完后，她累得腰酸背困，站起来都费劲，然后，她再把一大盆衣物拿到水房冲洗干净，再端着外面晾晒。你看吧，一到星期天，家家门前的铁丝上都挂着床单、被罩、衣服……

铝制洗衣盆、搓衣板　20世纪80年代　边静英、梁桂珍提供

大姐特别爱干净，总是把家里收拾得窗明几净，井井有条，我每次一进她家总有很享受的感觉。等自己长大了才明

白这种享受背后的劳动量有多大。

当时大家都住平房，冬天全靠生炉子取暖，没有单位烧的暖气，更没有集中供热。每年一进10月，家家户户都要打煤糕。家里男孩子多的还好，像我大姐家只有俩姑娘，遇到打煤糕这种重活儿全靠邻居帮忙。院里平时相处融洽的几户人家把男劳力集中起来，轮流到各家干。一到礼拜天，各家的男同志起个大早，集中到一家，挑土的，担水的，和泥的，脱模的，分工合作。即使如此，也要从早干到晚。等煤糕正反面晾得干透了，原班人马又一起把煤糕搬到煤糕棚或者煤糕池里。一冬天取暖就靠它了。

记忆中，那时候一到星期天，大人们整天都在操持家务，做一日三餐、采购、织毛衣、缝补衣服、腌咸菜、做西红柿酱、准备下礼拜的柴米油盐……休息一天，比上班还累。

人们苦中作乐，用电影名字编了个段子，星期一《走向深渊》，星期二《路漫漫》，星期三《夜茫茫》，经过星期四的《归心似箭》和星期五的《黎明前的黑暗》，到星期六终于可以《胜利大逃亡》，星期天大家都渴望当一名《快乐的单身汉》。

1994年3月1日，我国开始试行"隔一周五天工作制"。一到周五，人们就开始数，这个礼拜是大礼拜还是小礼拜。大礼拜可以休息两天，小礼拜只能休息一天。一周休两天，虽然其中一天仍要进行"战斗"，但另外一天则可以用来休息娱乐了。

关于执行《国务院关于职工工作时间的规定》的通告

各县（市）区人民政府，市直各委、局、办：

按山西省人民政府办公厅通知，根据国务院第一百四十六号令精神，从一九九四年三月一日起，第一周星期六和星期日为休息日，第二周星期日为休息日，依次循环。

太原市人民政府办公厅

一九九四年二月二十八日

《太原日报》发布大小礼拜、双休日相关新闻
1994年2月、1995年4月、1995年5月
山西省图书馆馆藏

大小礼拜制度试行了一年。1995年5月1日，中国的劳动者收到了一份珍贵的节目礼物——《国务院关于职工工作时间的规定》上面写道"为了合理安排职工的工作和休息时间，维护职工的休息权利，调动职工的积极性，促进社会主义现代化建设事业的发展"，自5月1日起正式实施双休日工作制，中国劳动者休息的天数每年由此前的59天增至111天。

1995年5月6日，星期六，人们迎来了第一个真正的双休日。很多报纸上都说，那天有人忘记了休息，走到静悄悄的马路上，才觉得不太对劲，或者到了工作单位遇到同样忘了

休息的同事，相视一笑，各自转身回家。

"这一年总的说来高兴的事挺多，身体不错，工作不错，心情也不错……"那一年，这首《心情不错》传遍大江南北，大街小巷。

二姐夫迷上了交际舞

二姐夫在太钢煤气厂上班，是一名钳工。虽然每天和冷冰冰的铁块打交道，二姐夫骨子里其实挺文艺的。20世纪90年代初，迎泽公园藏经楼前出现了交谊舞培训班，收费二十元包教包会，他毫不犹豫地报了名。四十多岁的中年人，没有一点舞蹈基础，身体僵硬，踩不上点，一节课下来，脖子发僵，腰酸腿疼胳膊困。那时他家住在古城，为了学跳舞，他凌晨五点多从家出发，六点以前赶到公园，学到七点就得走，八点还得赶回工厂上班。连续一周下来，累得坚持不住了，他有了放弃的想法。这时候，单休变双休的消息传来，他高兴极了，从此每逢周六日，他都去公园跳舞，跳上三个来小时回家，从从容容地。经过几个月的练习，他终于学会了当时最流行的慢四步。

65岁的二姐夫至今仍活跃在社区组织的老年舞蹈队，伴着舞曲，跳着悠闲的舞步。

大哥更是闲不住

　　大哥是个闲不住的人，不喜欢休息，就喜欢干活。他从小喜欢手工制作。1966年，大哥参加工作，分配在棉织厂当修理工，单位上各种工具齐全，让他如鱼得水。他做出的第一个大件是送给母亲的简易洗衣机。铁管焊接的四角架子，架子上卧着一个密封的铁皮水桶，上面有注水孔，侧面安装了一个L型摇把，手转动摇把，衣服在水桶中互相摩擦滚动。母亲坐在小凳子上就可操作。用这个洗衣机洗大件衣物，尤其是劳动布的工作衣，比手洗省劲多了。

　　1986年，家里烧蜂窝煤炉子，掏炉渣的时候灰尘大，呛人。有一次拉开抽屉的刹那，大哥脑洞大开，找了块铁皮敲打出个盒子，插到炉子底部，灰渣掉下来正好落在盒子里，盒子外面有个拉手，好像抽屉一样，炉渣满了往出一拉。整个过程方便又省力，蜂窝煤炉子也干净了很多。

　　有了双休日后，大哥拥有更多的时间可以自由支配了。那段时间，他经常去逛解放路上的外文书店，周六晚上去重机夜校学习机械制图。1996年，李阳的"疯狂英语"风靡一时，大哥开始疯狂地学习英语。2004年内退后，他拿了一份英文版《中国日报》去人才市场应聘，面对招聘人员怀疑的眼神，大哥现场朗读起来，最终有家做医疗器械的公司录用他当技工，负责假肢制作图纸绘制，在夜校学习的机械制图本领派上了用场。

周末玩什么

双休日让我们学会享受生活。那一年，我们看了第一部美国大片《真实的谎言》，被那刺激的场面深深地吸引了。这部电影也成为中国内地第一部票房过亿的进口影片。以前看电视，基本就是看新闻和电视剧，有了双休日之后，电视里的文艺节目多了，1997年湖南卫视推出《快乐大本营》，于是每个星期五，我们全家人都守在电视机前一起看，一起乐。

周日和同学相约绵山，我们盘山而行，只见四处是悬崖峭壁。坐上缆车一路上到山顶，登高远望，心旷神怡。山间溪水潺潺，绿树成荫。大家坐在山顶，呼吸着清新的空气，面对自然界的奇异景观，感受到从未有过的放松。

深圳是我一直非常想去的一座城市。2018年春节，我和二姐夫、二姐、侄子踏上去深圳的旅程，一来探望在茵特拉根酒店实习的儿子，二来也是了却我的心愿，一举两得。

在深圳旅游
2018年　赵春玲提供

在深圳东部华侨城茶溪谷的茵特拉根小镇，我们体验到了陌生的欧洲风情。无论是建筑风格还是街上的小店，或是随处可闻的山地音乐，都让人仿佛置身异国他乡。怀旧的火车站上那木质的月台、头顶的金属风扇、鸣叫的小火车，令人难忘。森林之旅仿佛带我们穿越了时间。

冬天看海是种什么感觉？一家人乘车来到大梅沙，赤脚踩在绵软的沙滩上，听着海浪翻滚的声音，内心充满了幸福……

二十五年过去了，双休日逐步让我们明白，什么是生活，如何去生活，怎样去享受生活。

我与迪拜的故事

讲述：李　明

📗背景

　　新中国成立以来，经过不懈奋斗，中国外贸走出了一条具有中国特色的发展道路，已经成为我国经济发展的三大引擎之一。与装载着"中国制造"的集装箱一起走出去的外贸从业者，自觉承担起"民间外交家"的使命。

初入迪拜

　　我1993年进入外贸行业，那时正赶上国家对外开放，对外贸易蓬勃发展。开始做外贸的十余年，我夜以继日地发信息、发货到国外，却从未出过国，外面的世界在我的脑海中抽象而神奇，直到第一次出国去迪拜进行商务活动，我才打开了世界之门。

2005年年初，我已和多个迪拜客户有过合作，我公司出口的一批管道配件发生了质量问题，被用户拒收，客户发函请我速去迪拜现场查看解决。本着救火的目的，我决定领着生产厂家负责销售的副总一起去迪拜。

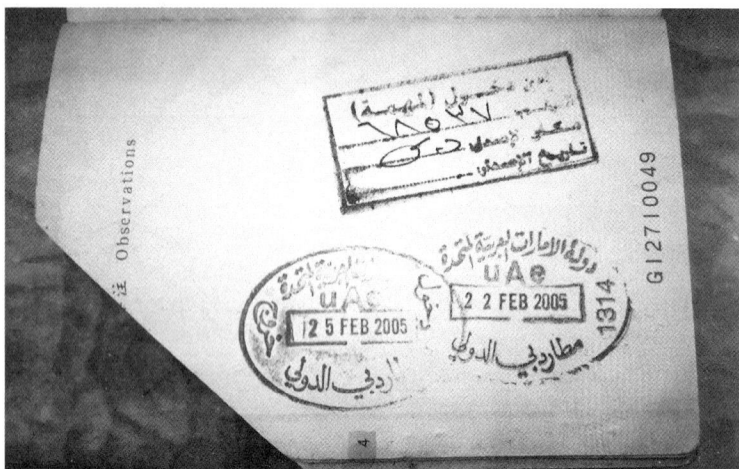

初到迪拜的出入境章　2005年　李明提供

第一次出国来得仓促而突然，当时出国潮还未来临，说走就走的旅行还不可能。申请护照、办理阿联酋签证等这些烦琐的工作耗时一个多月。直到2月底才成行。

当我和销售副总踏上飞机时，我的心情是忐忑的。我俩都是第一次出国，我多少懂点儿英文，却没实战经验，而销售副总完全不懂英语。从北京出关开始，我们一直在担心不知哪一步会被卡住。经过九个小时的旅程，我们终于踏上了迪拜的土地。一切还算顺利，我的英语也勉强管用。回想起来全程只闹了两个小笑话：入关进行虹膜检查时，不明就里的我竟然以为是健康检查，还担心黄土高原的风沙大，我会不会因为沙眼而被拒绝入境；刚入关后，我进到一个"洗手间"，想换下冬衣穿上夏装，却发现那是空空荡荡的男祈祷室。我认识"男"字，但"祈祷"一词超出了我的英文词库。

在机场，我们见到了迎接我们的客户公司总经理沃玛和他的助手，真是又惊又喜。喜的是终于见到了多年联系而未曾谋面的客户，惊的是这两位竟然都不是阿拉伯人，而是印度人。

来到酒店，入住顺利，体贴的客户为我们订的是公寓式酒店，锅碗瓢盆、洗衣机、冰箱等一应俱全。令人尴尬的是，初来乍到，我们没有零钱给帮忙拿行李的服务员付小费，人家站在门口不离开，我只好拿出几根中国香烟解决了问题。出国前我是恶补过出国注意事项的，比如两个男人是不能住在一个屋的；酒店、餐馆的小费一定要给，否则就会被人歧视……但我还是忽略了各国的插座是不同的，电脑、手机不能用可是大事。不得已，我打开口袋里的"快译通"，查找"插头"这个英文词，然后叫来服务员连说带比画，服务员就送来了转换插头。我的英文水平就是在这样的实战中被迫提高的。

初来迪拜，一切都让我感觉新奇而刺激。机场太大了，而且完全就像个大商场，街上豪车遍地，奔驰、宝马随处可见，高楼大厦构成城市美丽的天际线，大商场的停车楼竟然有四五层高……想不到，没过多少年，这令人眩晕的一幕幕场景在我的家乡太原也实现了。迪拜自从20世纪70年代发现油田后演绎了一段沙漠中的经济奇迹，而祖国近二十年来的发展速度超过了迪拜，演绎的是另一番世界奇迹。

商务索赔

此次出国目的是解决商务麻烦，我没有来得及细细领略更多的异域风情，便投入到复杂的商务活动中。

第二天一早，我们西装革履来到客户公司，拜见过公司各位印度人，简单商讨了一下当前的合作，便开车随沃玛总经理前往与迪拜相邻的沙特，去炼油厂的建设工地查看出问题的产品。

经过两个小时，我们来到了沙漠中正在建设的炼油厂，大门口的保安提着美式M16步枪对我们仔细盘查，这提醒我们，中东远不像我们的祖国那样太平。一位气宇轩昂的叙利亚籍工地经理接待了我们，首先端上热腾腾的咖啡，随后就对我们的当地代理客户大发雷霆，抱怨他提供的中国管件如何质量低劣。沃玛赔着笑，显得唯唯诺诺，我站在一边，脸上有点儿挂不住。随后，我们来到沙漠空地上，找到一大堆散落的管件，那样子真可以说惨不忍睹，不但锈迹斑斑，而且一些产品的口部明显不圆了。我打开电脑核对批号，确认是我们的产品。天知道这批出厂漂亮的管件到底经历了什么，会变得如此不堪，最大的可能是海上集装箱进水了！

我们上游三方供货商进行了简单的现场交流，我提议不管问题是如何产生的，我们一起赔，花钱雇人修理，不能让用户退货。如果退换货，这批产品积压下不说，往返的运费也损失巨大。沃玛出面和叙利亚人进行交涉，最后，高高在上的业主终于答应了沃玛的建议，向我们索赔了一定的修理费，由他的工人现场维修管件。修理费用不是很高，我们三家平分承担了这份损失。

回来的路上，车里的气氛不似来时融洽，沃玛也许是受了叙利亚人太多的训斥，还赔了钱，丢了面子，将领带一摔，无视我们的存在，一直在生气。在异国他乡的夜晚，我们坐在这辆飞驶的车上，有种被绑架的感觉。

争吵冲突

回到迪拜，天色已经全黑，沃玛没领我们去吃饭，却把车直接开到了一个购物中心，然后打发他的下属回家，黑着脸领我逛商店。他带着我们在音响设备、巨型电视等大物件前流连，最后索性站到笔记本电脑前不走了，像赖在玩具柜台前不走的孩子。

我摊摊手说，卡里钱不多，以后回中国给你买吧，中国便宜。

我们空手走出商场，沃玛的下属来接我们。接下来他俩的对话就更加难听了，说什么以后没生意可做了。车在一个不起眼的路边餐饮区停下，他们问我吃点儿什么，我也绷起了脸："啥也不吃，去酒吧喝酒吧。"迪拜是阿拉伯世界中唯一可以公开卖酒的城市。他坏笑着带我去了一个乌烟瘴气的酒吧，我没有进去，要求在门外的桌前坐下。

这时正是迪拜最好的季节，很多人坐在门外喝酒，这样酒吧里的表演看不着了，但安静的环境适合谈话，我要了一瓶啤酒，开始反击。

我先说了"对不起"，再说赔钱大家心里都不好受，别和自己人过不去。如果想个人得到什么好处，告诉我你想要多少暗佣，我会一分不少汇到你卡上。不想合作，咱们现在的生意马上就停了。一番教训，他的脑袋耷拉了下去。我明白他刚从印度来迪拜当总经理不久，真和我这样合作多年的供应商闹翻，老板那里肯定没法交代。强弱之势瞬间逆转，他开始不断地给我赔礼道歉。在这之后，我慢慢注意到这些外国人像孩子一样，好的坏的都在脸上表露无遗，不用费心揣测。

一切又变得愉快和谐起来。

接下来的几天，他带我们游览了迪拜的名胜，商谈了以后扩大合作、开辟新市场的思路。临走前我借口买些迪拜特产，邀他重去那家大商场，在那里选了一台配置最高的笔记本电脑当作礼物送给他。沃玛的脸上乐开了花，当即也买了围巾、滑板鞋等小礼物送给我的妻子和孩子。

结识新朋

第一次去迪拜，除了处理纠纷，我还简单拜访了其他几位迪拜客户，顺便陪同那位销售副总追讨了一笔他们厂的陈年旧债，没想到由此结识了两位至交——阿卜杜勒兄弟。

那个下午，我们在酒店大堂的咖啡吧，邀请一位在迪拜久居多年、德高望重的老华人做中间人，帮忙调解欠债纠纷，欠债人正是阿卜杜勒兄弟。约会时间到了，窗外一辆巨型凯迪拉克商务车呼啸而来，大哥戴着墨镜，拿着最新型号的诺基亚手机驾到，把车钥匙扔给门童，径直走了进来。谈判异常顺利，三言两语，大哥答应付款。我们交换了名片，喝着饮料简单地交谈起来。他对我出口的东西非常感兴趣，也对中国商人竟然跑到这里做生意感到吃惊，迪拜的配件生意掌握在印巴人手中，那时中国外贸人走出去的不多，在国外我经常被人当作日本人、韩国人。交谈中我也了解到，他的家族与中国渊源颇深，从他的父亲开始，就为中国人服务。

回国后不久，兄弟俩的公司就开始下单买我们的产品。生意虽然不多，但我们很合得来。我在迪拜有事总找兄弟俩商量，他们在中国有事，我也会尽力帮忙。友谊的增长远远超出了生意伙伴的范围。

友谊万岁

随后几年，迪拜和中国都迎来了快速发展期。随着油价的节节攀升，迪拜渐成世界著名的土豪城市，世界最大的人工岛、最高的摩天楼纷纷开工建设。而中国加入世贸组织后，快速发展为世界工厂，外贸行业随之出现井喷现象，连续多年，出口额高速增长。这也促使我们与迪拜的生意格外红火，通过迪拜，我们把生意辐射到整个中东，甚至南亚、中亚。至少二十家迪拜公司与我们建立了商业往来。每年我都因商务活动要往返迪拜。去得多了，地方成了老地方，人也成了老朋友。

初次去迪拜给我们下马威的沃玛总经理，经过多年打拼已在迪拜站稳脚跟，买车买房，举家定居迪拜。我们之间的生意也越做越大。知道我要去迪拜，他经常会抢着给我订离他家最近的酒店，以便晚上工作完能在他家喝酒。有两次，他还特意为我的到来举办屋顶party，请来各路好友一起聚会。他的妻子是位杰出的画家，曾为我制作了漂亮的印度传统服装——一件过膝长衫，可惜我一直没敢穿出门，只敢在家比画比画。两个家庭也处成了亲戚，共同度过很多美好的时光。有一次我女儿听说沃玛叔叔到中国了，牺牲难得的归国假期，挤时间都要和我在上海招待他。中国人和印度人的民间友谊，我们两家可以算是缩影了。

我和阿卜杜勒兄弟也产生了很深的友谊。每一次相聚，我们都感觉很快乐。我们相约奔波于迪拜和中国之间，工作之余在北京、太原一起游泳，一起打台球；在迪拜周边的沙漠里一起骑摩托穿越。在空无一人的迪拜午夜，大哥在前面探路，我和弟弟在后面开着跑车狂飙。在欧洲也留下了我们共同战斗的足迹。按阿拉伯传统，女性应该留在屋里不参加社交，那年我们全家去迪拜度假，兄弟俩破例领了妻子和孩子，陪我们逛世界城，吃巴基斯坦大餐。

阿卜杜勒家族和中国的渊源颇深，他们的父亲早年从巴基斯坦来到迪拜，为一家中国公司做搬运工。在迪拜长大的兄弟俩开创了自己的生意，在迪拜销售中国产品，与中国公司合作。中国的经济发展不仅造福了中国人民，也使其他国家的人民分享了中国改革开放的红利。他们家族的亲戚源源不断地从巴基斯坦来到迪拜，投身到和中国的贸易合作中，兄弟俩时常会把新来的表哥、表弟介绍给我。

迪拜渐渐成了我眷恋的地方，有事没事我都会找机会去待些天，去中东附近的国家顺路去，去远方国家也会转机去停留几日。我去迪拜渐渐有了回老家的感觉，连我不断进步的英语，在各位印巴老师的影响下也带上了迪拜的乡音。

又见迪拜

迪拜从2018年起对中国公民实行免签，再也不用复杂的签证、担保了。简单通关，去迪拜如同去中国其他地方一样便利。如今迪拜的中国人也随处可见，大商场里的奢侈品店纷纷雇佣中国雇员提供中文服务。迪拜与中国人的经贸合作、大量中国游客的到来，使迪拜在石油枯竭后找到了经济增长新的支撑。中国人在这样一个国际大都市中的地位也显著提高，近年来，再也没有当地人问我是来自日本还是韩国了，取而代之的大多是一句温馨的"你好"。

2019年，我和同事参加完中东最大的阿布扎比石油设备展后，又一次来到迪拜。迪拜在变，年近五十的我，心境也和三十多岁初来迪拜时大不相同。少了匆忙，多了悠闲；少了功利，多了平和。在完成了各式各样的商务洽谈后，我只想会会老朋友，看看老地方。

在世界第一高楼哈里法塔旁留影
2019 年　李明提供

沃玛的爱人去美国探亲了，孩子早已去德国留学学医，单身的他邀请我去他家住，不用住酒店。素来挑剔的我这次痛快地答应了，很多年来我还是第一次长时间住别人家。沃玛的确可称得上是老朋友，我们共事已十五年有余，一起走过太多风风雨雨。作为总经理的他曾一度领导公司成为我们最大的客户，可如今他任职的公司，有几笔很大的投资损失惨重，业务停摆，他已连续几年没给我们下过订单了，我们的业务合作早已停止多年，但这并不影响我们的友谊。他把儿子的房间布置成我的客房，细心地为我准备了一次性拖鞋、十多块干净的毛巾，还特意为我准备了我爱抽的中华烟。

他的新家在哈里法塔的旁边，我们在阳台上望着这座迪拜地标高谈阔论，聊个人家庭，聊生意经济，聊风土人情，聊国际关系。他几乎是我半个英语老师，多年来，教会我说满嘴的印度英语。更难能可贵的是，这次去迪拜我痛风发作，同样爱吃肉的他每天为我做或一起出去吃美味的印度素食。当然，他不守时的老毛病我已习惯了，接我时迟到40分钟，送我时又迟到了。我怕错过去机场的班车，只能打车去航站楼，然后我们同时到达那里，抓紧最后的时间聊天。

沃玛上班的时候，我在家里待不住，或去会其他朋友，或找个咖啡馆静静地看风景，处理一些工作事务，写写日志，完全没有游玩购物的欲望，这也是在老地方才有的归家的感觉吧。

我待的这些天，阿卜杜勒兄弟格外忙，哥哥竟然没有像往年一样和我一道参加阿布扎比一年一度的行业盛会，奶奶的重病让哥俩儿不得不放下工作和我这个老友。对此我深深地理解。

虽然他俩大部分时间都扑在重病的奶奶身上，可还是抽时间邀我一起去看著名的迪拜车展，去他们同样位于哈里法塔附近的办公室做客。这种做客不是商务洽谈，而是朋友相聚。商人忌讳对手刺探商业机密，一般只让客户进会客室，不会引客人进办公室，最多只会礼节性地领进来看一眼。而我来过多少次，至今不知他们公司的会客室在哪里，两位老板的办公室我可以随意出入。调皮的弟弟甚至打开保险柜，向我炫耀成堆的现金，也会拿出作为核心机密的大订单给我看。弟弟的办公室，有一面照片墙，照片里除了两兄弟鲜有家人、朋友，而兄弟俩和我在中国的合影赫然在列。

兄弟俩常对我说"My money is your money, my car is your car,

my office is your office……only my wife is mine",这次来赶上他们的奶奶病重,躺在医院的重症监护室里。他们的奶奶当然也是我的奶奶,来迪拜后,我有一个心愿就是去医院看望奶奶,兄弟俩为我达成了心愿。

探望亲人

我和兄弟俩出发去医院看奶奶。

车到迪拜市医院前,我先去超市买了一篮最大的巧克力,这也是迪拜的奇特风俗之一。更奇怪的是,重症监护室是可以随便进出的。94岁的奶奶躺在床上,浑身插着各种管子、监测仪,表情木讷,只能听和看,已经不能讲话了。哥哥握着奶奶的手,为她唱了一句我听不懂的歌。我捧着手机来到奶奶床边,为她唱了首舒缓的中国歌曲《成都》,奶奶听着,好像入了迷,脸上的表情丰富起来。唱

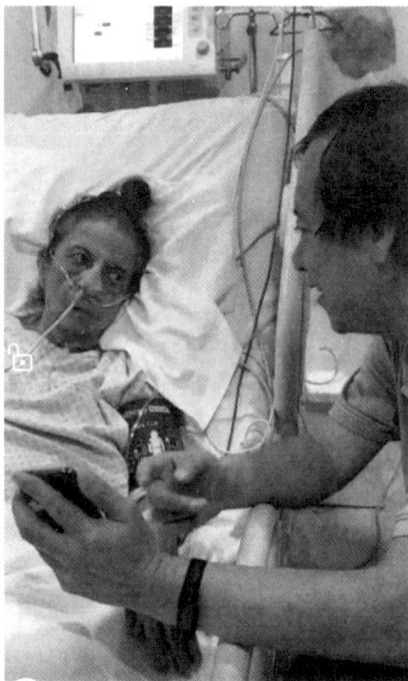

给病榻上的老奶奶唱支中国歌
2019年　李明提供

完，我有些遗憾，没再创作一下，把"成都"唱成"迪拜"，好让人家好歹能听懂一个词。弟弟录了我唱歌的视频，发到了亲友群。可能那天是探视日吧，随后来了大批探望老人的亲戚，每个人见了我，都像见到亲人一样说："你就是那位唱歌的中国兄弟吧？"弟弟幽默地说，大家已把我唱歌的视频发到迪拜各大社交网站，我很快就会在迪拜的巴基斯坦人中走红的。

迪拜有我的生意，更有我知心的朋友、亲爱的家人。我亲历过它的发展与波折，熟悉这里的大街小巷、车站地铁、餐厅商店，以及风土人情。我自豪而快乐。

儿子的"游戏"生活

讲述：段宝成

采访：邢晓梅

背景

2018年，英雄联盟S8赛季全球总决赛，来自中国的IG战队获得了总冠军。一时间，国内媒体争相报道，表明电子竞技正在逐渐成为一项真正的运动。但青少年整天在游戏中寻找人生价值，心智发育会受到严重影响。如何在二者之间取得平衡，始终挑战着家长和教育工作者。

儿子有了游戏机

儿子是1985年出生的，他四五岁的时候，我给他买了一台苹果牌电脑，进口的，一万多块钱。那时国产电脑差不多六千多块，我买的是市面上最高级的电脑。计算机普及要从娃娃抓起嘛，我想让儿子早点接触电脑。

　　我没给电脑联网，因为当时儿子还小，我只是想让他先学会打字，为此还给他报了个培训班。他妈陪着他去学打字，学了几天他就没兴趣了，死活不肯去。没办法，他妈只好自己学，回来再教他。儿子对电脑没兴趣，我强行把他抱到电脑前，他闹着不肯坐，哇哇大哭。邻居开了一家电脑公司，看到我们父子俩的斗争，就给我出了个主意，说是如果在电脑上安几个简单的小游戏，比如打飞机、钓鱼之类的，可能有助于激发儿子对电脑的兴趣。果然，这些小游戏立刻吸引了儿子，很快他的小手就能在键盘上上下翻飞了。他顺利地学会了玩游戏，当然也学会了打字。

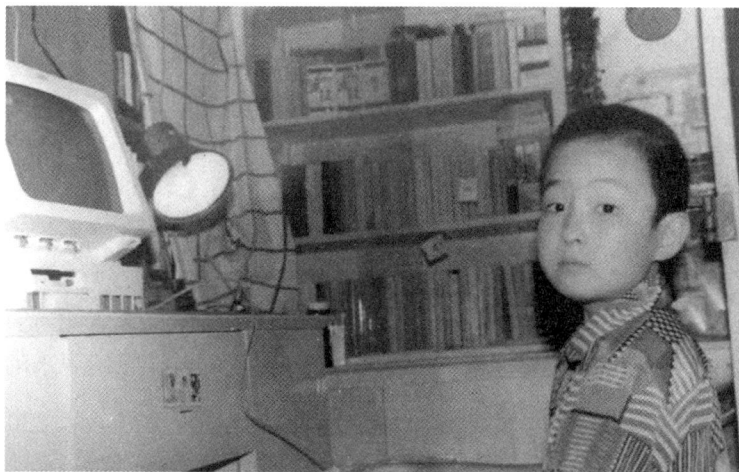

儿子在用苹果牌电脑打字　1992年　段宝成提供

　　20世纪80年代后期，我弟弟买了一台"任天堂"游戏机，下了夜班就钻在被子里玩得不亦乐乎。每次我带儿子去探望母亲，儿子从自行车上下来，便"哧溜"一下钻进他叔叔的房间，半天也不出来。我推门进去，每每见到他趴在床沿上，入迷地看叔叔打游戏。通过玩游戏，儿子对电脑产生了浓厚的兴趣，自己要求报电脑班，掌握了许多电脑知识。当时，我办公室里也安装了电脑，我不会操作，儿子便成了我的老师。

儿子学习很好，小学毕业前，他向我提出一个要求：如果考上重点中学，就奖励他一台游戏机。我爽快地答应了。没想到，他还真的考上了重点中学太原十八中。我兴冲冲地带着他到解放路卖游戏机的小店铺里，按照儿子的意愿，花一千多块钱买了一台当时最先进的十六位游戏机，比他叔叔的那台游戏机牛多了。

儿子迷上了"游戏"

这以后，他每天写完作业便在家玩游戏，学习成绩也不错，我挺高兴。

直到有一天，老师打电话让我去开家长会。到了学校，我还美滋滋的，等老师表扬自己的儿子，结果没想到等来的却是严肃的质问："你知不知道段宇旷课去玩游戏？"我一下惊呆了："不可能！家里有游戏机，他要玩在家就能玩，还用得着旷课跑出去玩？绝对不可能！"老师说，儿子经常和同学一起旷课到游戏厅去打游戏，成绩急剧下降，排名已经从年级十几名掉到了一百多名！我这才知道，他已经沉迷于游戏之中不可自拔了。问题很严重！我怒不可遏，准备回家后好好教训他一顿。左等右等，等不回儿子。怒气渐渐变成焦急。

推门向外张望，天都黑了，还下着雪，可儿子却还没有踪影。我想，他大概知道老师向我告知了他的情况，怕回家挨打，躲着不敢回。

我和他妈心急如焚，骑着自行车沿街去找他，见网吧就进。找了好几个小时也没找到。他妈哭着要报警，我硬撑着不让，猜想他或许躲到同学家过夜了。那晚，我和他妈彻夜未眠。

第二天，我侄儿打来电话，说段宇没事，晚上就回去了，还让我们不要打他。知道儿子没事，我终于安心了，也意识到儿子长大了，叛逆时期，拳头解决不了问题，要慢慢沟通。

儿子回来后，眼神躲避着我，很紧张的样子。我一脸和气，没有追问他的行踪。等事情平静后，才晓之以理，动之以情，语重心长地向他讲述利害关系。儿子痛下决心，说以后要好好学习。嗯，还不错，中考时他又考上了十八中。

上高中后，一帮爱玩游戏的同学在一起，他又开始玩上了游戏。

我发现之后又给他做思想工作，他也发誓以后不再玩了。但玩游戏是容易上瘾的，不久，他又故态重萌。如此反反复复，他控制不住自己，成了一名"网瘾"少年。

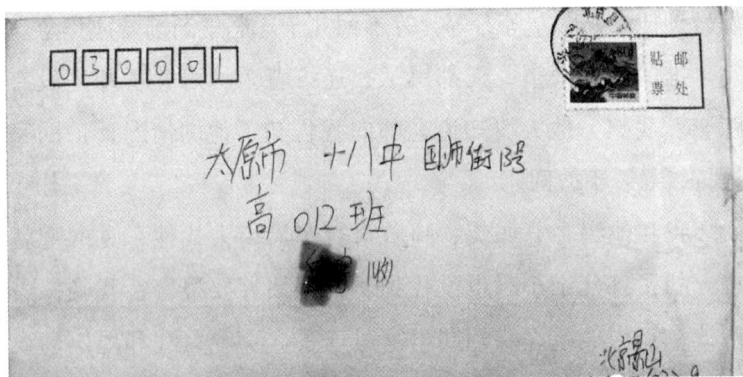

外地网友与儿子的通信，通篇都在交流游戏技巧　2001年　段宝成提供

我能管住家里的电脑，却管不住办公室的电脑。他竟然趁我不备，偷偷配了办公室的钥匙。我家和单位在一个院里，每天半夜，他趁我们睡着了，便悄悄拿上钥匙，溜到办公室，反锁上门去打游戏，天亮了再溜回家，背着书包去上学。直到有一天，单位打扫卫生的人拿着钥匙开不了大门，这个秘密才暴露。

得知此事，我火冒三丈，回家立刻收缴了儿子私配的钥匙，并臭骂了他一顿。多年以后，儿子告我，当年他配了好几把办公室的钥匙。

此时高考已临近，可他还是沉溺于游戏之中，回到家便将自己反锁在房间里偷偷玩游戏。我强压心头怒火，好言好语劝他高考结束再玩。他满口应承，却依旧我行我素。直到有一天我忍无可忍与他动了粗，他妈扑在他身上护他。我哭了，他妈哭了，他也哭了。第二天一早，他把砸烂的游戏机和掰烂的游戏盘，扔进垃圾筒里。这次，他动真格的了，决心痛改前非。

儿子的幸福生活

高考结束，他的成绩刚够三本线。这就是他玩游戏结出的恶果。看着班里的同学一个个兴高采烈地庆贺自己被重点大学录取，儿子的自尊心受到刺激，他决定复读一年上理想的大学。第二年他终于以620分的优异成绩考上北京理工大学，完成心愿，选择了自己最喜欢的计算机专业。

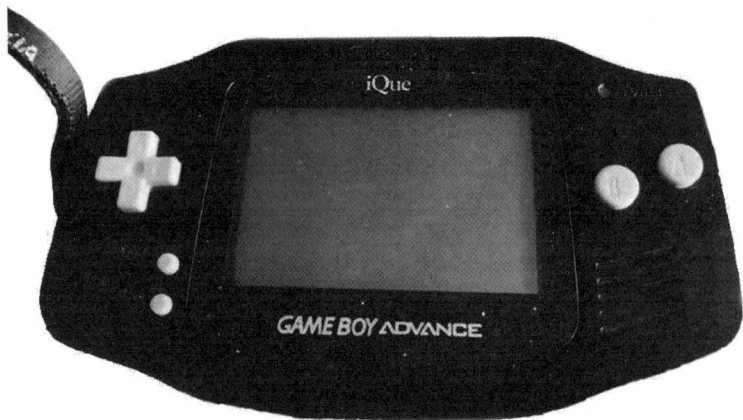

上大学期间买的游戏机　2005年　段宝成提供

　　上了大学，儿子依然热爱玩游戏，并与学友组团参赛，还在全国比赛中获得过名次。毕业后他在北京的第一份工作，就是打游戏认识的朋友介绍的。通过考察，他顺利地进入"学而思"北京培训分校任教，还把学校的一位女老师发展成自己的恋人，结婚后又顺理成章地把爱人发展成游戏爱好者。忙碌一天回到家，他们最好的放松和减压方式就是玩游戏。

　　如今儿子辞职自己办学，为学生一对一授课。有时看学生学累了，他就带着玩会儿游戏，让学生放松一下。他说，该学就学，该玩就玩，只要掌握好度就行。这方面他拿捏到位，因为他有体会。如今的孩子，哪个不爱玩游戏，家长们都很头疼。有些家长向我儿子诉苦，说孩子不听话，越不让玩游戏越玩，怎么也管不住，请段老师严管。我儿子就通过他的方法教育学生，学生都喜欢上他的课，说上游戏高手段老师的课有意思。家长也很满意，因为孩子的学习成绩有进步。儿子在与家长交心时说：玩游戏并不是什么坏事，不要靠堵的方法来解决问题，重要的是疏导。如今儿子说起教育经，一套一套的。他说教学生学知识，要针对不同学生的差异来施教，让人家受益了，自己才好意思拿那份钱。

儿子明事理，也很孝顺，用自己挣的钱给我们老两口在晋阳湖旁买了套一百六十平方米的房子。我心里的幸福感满满的，每天盼着儿子和儿媳得空回家。当年为他操碎了心，现在孩子长大了，懂事了。经历就是成长的老师，我说得对吗？而儿子的成长也是中国的独生子女在改革开放进程中的特有经历。那么，到底应该怎样对待游戏这种新生事物呢？这是一个值得深思的话题。

一机在手，要啥都有

讲述：李庆源

采访：赵春玲

背景

科技改变生活。从发展通信技术开始，人类的文明就迈上了一个全新的台阶。21世纪，通信技术贯穿着人们生活和工作的方方面面，正在把每一个人和每一个角落卷入其中，引发包括生存方式、交往方式、组织方式、思维方式在内的人类整个存在方式的全面而深远的变革。

这个周末，李庆源在忙着和战友视频聊天，商量2019年"八一"的聚会地点、集合时间以及人员出行安排等流程。"一部手机，坐在家里就能把这些事安排妥当，这在以前想都不敢想。神话传说中的'千里眼、顺风耳'变成现实，未来手机还会有哪些功能不得而知，这个世界正创造着奇迹。"说起通信工具几十年来的变化，李庆源百感交集。

盼望收到信件的年代

20世纪80年代之前，书信和电报是人们的主要通信方式，也是人们远距离进行情感交流的唯一方式。那个年代一封信常常要穿越重山隔阻，才能到达收信人的手中。一句"纸短情长、见字如面"，道尽了山高路远、相见时难的惆怅和思念。一杆笔、一页纸，写不尽满腔情愫。

1981年11月25日，18岁的李庆源告别父母和同学，带着父母的嘱托，怀揣男儿从军的梦想，坐上太原开往兰州的火车。出发在即，母亲嘱咐他到了部队记得给家里写信。

两年的军营生活，书信是李庆源与外界联系的唯一方式，写信、寄信、盼信、收信、读信，构成他工作训练之余生活的重要部分。与家人分享快乐、与同学倾诉情感，都是通过书信传递的。

在李庆源的记忆中，这是他第一次写信："亲爱的爸爸、妈妈：我已于11月27日安全到达部队，这里一切都好，不要挂念。请放心，我会照顾好自己，爸爸妈妈多保重。"感觉有好多话要和父母说，可是下笔却不知从何说起，写的时候改了又改，然后工工整整地誊写在稿纸上。信寄出后，他开始急切地盼望收到家里的回信。每次看到通信员，都会跑上前去询问是否有自己的信件，其实信件刚寄走没几天，他也知道回信不可能这么快，可就是控制不住。收到信的时候，他开心得不得了，迫不及待地拆开阅读。

基本每个月，李庆源都会写信给父母和妹妹，聊聊他在部队的近况。诸如：今天炊事班改善伙食了，手榴弹投弹比赛拿了个第一，吃到美味的兰州拉面了……更多的是询问家中的情况，父亲、母亲的身体如何？妹妹学习有进步吗？"记得回信"，每次他都会在结尾写上这么一句，生怕父母忘了给自己回信。因为远离，知道了牵挂。他深深地体会到了"家书抵万金"的含义。

想家的时候，感到委屈的时候，李庆源都会习惯性地铺开信纸，一边写信，一边让心慢慢地平静下来。印象最深的一件事发生在一次训练完毕。班长问大家："累不累？""不累。"只有他和另外两个战士回答"累"。班长很生气，罚他们三个人绕操场跑三圈，跑下来班长问："累不累？""累。"这次喊"累"的只有李庆源。"继续跑三圈！"班长吼道，他在心里不服气，一边嘟囔一边冲向跑道。解散后他没有和班长请假，一个人跑到皋兰山上委屈地哭了。后果是全排战士出动找他，班长给他端来一碗热气腾腾的挂面汤，还卧着两个荷包蛋。这封信在李庆源的笔记本中夹了一个多月后被撕掉了。

1983年5月，正在矿上参加劳动的李庆源收到母亲寄来的一封挂号信，说有个出差的机会，要来部队探望他。当时那种高兴的心情真是无法用语言表达，连部给了他三天假期陪母亲。他把母亲接到军营，居住在临时腾出的一间屋子，炊事班借给他一个煤油炉，班里的战友用一双胶鞋跟附近的老乡换回四十个鸡蛋，送给他的母亲。李庆源陪着母亲，在皋兰山公园、黄河铁桥留下了一段美好的回忆。现在每每回忆起来，都有一股暖流在他的心底荡漾，这份战友情谊让他一辈子无法忘怀。

见电速归

80年代初，电报是人们与外界联系的最为快捷的通信工具。普通电报一般在两天内送达，加急电报必须在二十四小时之内送到收件人手中，所以遇到紧急情况需要与远方的亲友联系，发电报是首选。因此电报在当时也是"坏事、急事"的代名词。当邮递员在家门口喊收报人的名字签收电报时，收电报的人心里难免紧张。

电报是按字数收费的，每个字0.035元，加急电报0.065元。如果是发往农村的，另外还要收取邮送费。所以人们竭尽所能减少数字，言简意赅，表达清楚意思即可。

电报费收据　20世纪80年代　李庆源提供

1981年暑假，李庆源的奶奶突发脑溢血，父亲让他先回老家看看，有什么状况随时联系。眼看着奶奶生命垂危，爷爷让他拍电报催在太原的父亲赶快回来。凌晨，天刚微微亮，李庆源骑上自行车直奔离家十几公里以外的县城邮电局。排队领到电报稿纸后，他认真地填写，在收件人那儿写上自家的地址和父亲的名字，又在寄件人那儿写上奶奶家的地址，在正文处写上"母病速归"。填好的单子交回柜台窗口，工作人员问："加急吗？""加急！"李庆源赶紧说，"一共2.08元。"工作人员一边说一边写收据。第二天傍晚父亲就赶回来了，李庆源那颗悬着的心总算踏实了。

20世纪90年代，随着电话的迅猛发展，电报渐渐淡出人们的视野。

第一次打长途电话

"我第一次打长途电话是在1983年年底。"李庆源说。两年的军营生活即将结束，要退伍了，他来到兰州城里准备买些当地的土特产带回太原。路过邮电局，突然冒出个念头，给父亲打个电话吧，告诉他我要复员的消息。走进邮电局，有三四个人正在排队等候，他站到队尾，随着人流慢慢地挪着。把填好的单子交回柜台里的工作人员，他就坐在一排椅子上等着叫号。靠墙有一排被隔成三个小房间的玻璃房，门上写着号码，这就是电话间。看着从电话间里进出的人或喜或悲的表情，他焦急地等待着，那滋味颇不好受。过了大约一个多小时，听到工作人员喊李庆源的名字，他立马起身，快步进入指定的格子间，关上玻璃门，拿起话筒。话筒的另一端，接到儿子电话的父亲着急地询问："出啥事了？"时隔两年听到父亲的声音，李庆源的眼眶突然湿了。"没事，爸。退伍的名单定了，我下个月就回去了。"听说儿子就要回家，父亲高兴地连连说好。话筒里父亲的声音很小，断断续续地还有杂音，和父亲通话的几分钟，他一直在大声地吼着说话。就这也让李庆源激动了好几天。

长途电话费收据　20世纪80年代　李庆源提供

我家装上电话了

20世纪90年代初期，国家出台政策，放开了私人安装电话的限制，然而由于当时的安装费用差不多得四五千元，这对于大多数家庭来说，可是一笔巨款。到90年代末，固定电话慢慢普及，安装费用也降至普通家庭能接受的范围。这时候的电话已经是按键式了，还有来电显示。1995年，李庆源在单位办理了停薪留职，经常往返于太原和侯马两地，有事和家里联系只能把电话打到邻居家，让家人过去接电话，非常不方便。于是，在1997年，李庆源给父母的家里装了一部电话，共花费了1800元。从那以后再出去办事，到达目的地，他总会在第一时间拨通家里的电话，给家人报平安。和亲友之间联系起来也方便了许多。二十多年过去了，固定电话的使用频次越来越少，如今似乎成了摆设。

当时，安装电话时还送了一个126服务台的数字BP机，BP机又称"拷机"。呼机号码：5173117。"有事call我"，是他每次出门的口头语。那年月，拴着金属链子的BP机别在腰间，成为一种潮流。BP机一响，人们就迫不及待地寻找公用电话。

传呼机　1995年　常小平提供

刚用上BP机时，李庆源特别兴奋。一天清晨，房间里的闹钟响了，睡梦中的李庆源突然惊醒。原来他做了个梦，梦里正和朋友一起吃饭，就听到闹钟的声音响起。他和朋友说："有人呼我，我去回个电话。"看着这样的李庆源，妻子和儿子哈哈大笑。

第一部手机

1998 年，李庆源拥有了人生第一部手机——摩托罗拉 87C，这是一款中文显示的数字移动电话，是一部下翻盖手机，打完电话"啪"地合上盖子，很气派。他一边走路一边打电话，由于信号不稳定，打个电话要不断地变换姿势，声音也要高出好几个分贝，就那样，他也感觉自己很了不起。有次回到翼城老家看望姥姥，李庆源拿出手机显摆，问姥姥："想不想和你女儿说话呢？我把她叫来和你说会儿话吧。"姥姥用嗔怪的眼神望着他不言语，他拿出手机拨通家里的电话，正好是他的母亲接的电话："妈，我到了。""把电话给你姥姥。"妈妈顾不上接他的话茬，李庆源把手机放在姥姥耳边。"妈，你还好吧，我是兰英。"话筒里传来母亲的声音，姥姥愣了一下，满眼诧异。"说话呀，姥姥，这是我妈。"他着急地催促着。姥姥的眼睛死死盯着这个黑色的、巴掌大的东西，过了好一会儿，嘴唇才嚅动着发出呢喃："好着呢。"

智能手机

进入 21 世纪，各类新型手机频频亮相，李庆源又陆续换了几部手机。这些手机除了能打电话发短信，还能定制彩信、彩铃业务。李庆源把手机的铃声设置成汪明荃的《万水千山总是情》，那是他最喜欢的一首歌。

2016年，妹夫送给他一部智能手机，从此，他学会了手机上网。2017年春节前夕，部队老连长建了个"630团战友"群，把久未谋面的战友们都拉到群里，虽然大家天南海北，可是"群"把大家聚在了一起。战友们回忆过往，畅聊未来，聊得特别热闹。大年三十晚，"630团战友"群异常热闹，祝福的话语、拜年的红包，蜂拥而来。李庆源整整一晚上，都在忙着给战友拜年、抢红包、发红包，不亦乐乎。每年必看的春晚被这些事儿取而代之。现在说起那年的春节，李庆源仍然有种掩饰不住的激动："20世纪90年代之前，人们是三五成群相跟着去串门拜年，从90年代开始打电话拜年成了一种新时尚，到了21世纪初，拜年的短信曾经风靡一时，如今微信拜年成为主流。"传统的拜年方式被不断地刷新，而这一切都要归结于通信技术的发展。听说5G又要来了，将来可以将之运用到教育、医疗等多个领域。可以预见，未来人们的生活会更便利、更丰富、更精彩。

随时随地，想打就打，这可是个不小的进步。一机在手，要啥都有。手机正在成为人们无法离开的物品，成为人们的日常必需品。手机承载着越来越多的功能：视频聊天、拍照、导航、阅读、看电影、玩游戏、理财、购物、打车、就餐……原本是互联网的一些功能，逐渐都到了小小的手机上。

从书信、电报到手机，通信工具越来越智能，人与人之间的交流工具越来越先进，彼此间的联络速度越来越快，时代就这样飞速地发展着。

卡拉永远OK

讲述：王映东

背景

唱歌，是人类最原始的情感表达方式之一。当我们唱歌的时候，情感得到抒发，压力得到减轻，情绪得到改善，人与人之间有了共鸣和交流。含蓄的中国人历来羞于在大庭广众下引吭高歌，而卡拉OK传入中国后，极大地丰富了中国人的生活。三十多年过去了，卡拉OK的方式在变，歌唱者的表达欲望始终如一。

2019年国庆前后，山西省图书馆举办了"庆祝新中国成立七十周年时尚回响大型实物展"。在20世纪90年代板块，一面由旅法艺术家王晰设计的泳装美女卡拉OK巨幅墙绘很吸睛。这幅画连同旁边陈列的卡拉OK机、录像机、卡拉金曲伴唱录像带瞬间把人们带回到20世纪八九十年代全民争唱卡拉OK的年代。

卡拉OK主题墙绘　2019年　王晰创作

在中国人的共同记忆里，对一些生活事物的初次体验，常常能成为标记一个时代的节点。比如第一次穿上喇叭裤，第一次在商店发现太阳眼镜，第一次品尝可乐的味道。再比如，第一次坐进KTV柔软的沙发，一边点喜欢的歌，一边接过麦克风。含蓄的中国人历来羞于在大庭广众下引吭高歌，于是，中国人似乎比发明它的日本人更喜欢在昏暗的包房里一展歌喉。可是或许谁都说不清楚，曾经开遍大街小巷的KTV，又是在何时淡出了国人的生活？

卡拉OK让中国人过把高歌的瘾

作为20世纪最重要的发明之一，卡拉OK最早起源于日本。"卡拉OK"一词源自日文，是将本土词汇"空"（卡拉）和外来词"orchestra"（交响乐团、管弦乐队）拼合而成的，意即"无人伴奏乐队"。

卡拉OK公认的发明者井上大佑先生被誉为"改变夜晚的男人",他于20世纪六七十年代发明了卡拉OK。这在很大程度上改变了人类的生活,他曾被美国《时代》杂志选为亚洲最具影响力的人物。

卡拉OK其实就是一种伴奏系统,演唱者可以在预先录制的音乐伴奏下参与歌唱,通过声音处理,演唱者的声音会得到美化与润饰。这种伴奏方式,给歌唱爱好者们带来了极大的方便和愉悦。

卡拉OK虽然起源于日本,发扬光大却是在中国。20世纪80年代中期,卡拉OK之风从日本借道台湾进入刚刚改革开放不久的大陆地区。中国人对卡拉OK有一种特别的热爱,它被称为"国民性娱乐",极大地丰富了人们的夜生活。吃饭、喝酒、唱卡拉OK,一度成为典型的中国人聚会模式。那时候,不管是在县城还是在大都市,到处都有卡拉OK厅,后来发展到连餐厅包厢里都配备有音响话筒,供食客们边吃饭边唱歌。

最初的卡拉OK只是带话筒、喇叭的伴奏带播放器。别说视频画面了,连字幕都没有,演唱者全凭博闻强记唱下来。不久之后,带歌词提示器的卡拉OK机出现了。再往后,电视机成了标配。

1988年1月,中国内地第一家卡拉OK厅在广州东方宾馆悄然开业。同年夏天,北京东郊出现京城第一家卡拉OK厅——"你歌卡拉OK厅"。之后卡拉OK厅遍地开花,风靡中国的大城市。卡拉OK厅的主要设备是影碟机,播放的碟片和黑胶唱盘的尺寸一样，影碟内容就是流行歌曲的MTV，初期的画面内容大多是风景加歌词。

我有生以来第一次走进歌厅是1993年。二十出头的我来到海南，在海口一家房地产公司打工，老板请公司十几个员工到当时海口最火的泰华歌舞厅唱歌。当时人们唱的大都是《心雨》《无言的结局》《萍聚》这些歌曲。那时还没有自动点歌器，大厅里摆着一张张小桌子，有一本厚厚的类似菜单的点歌单，桌上放支铅笔加一叠小纸片，想唱什么歌得写在纸上，交给服务员拿到后台去排队，大屏幕上出现谁点的歌，谁就上台去拿话筒。那可是当着全歌厅的人演唱啊，没点水平还真不好意思上台。但是，能来歌厅占个桌子的，肯定是想来体验新事物而不是来喝茶的，所以仍然有很多人非常有勇气地站上去高歌一曲。一曲歌罢，总能传来热烈的掌声和羡慕的眼神，大家经常夸的一句是：唱得真像原唱啊！

演唱《我的中国心》　　1997年　　范德峰提供

1997年夏季，卡拉OK让无数"澡堂里的歌唱家"走出浴室，过了一把登台高歌的瘾。不过，那时出门唱歌还属高消费，想要天天唱、夜夜歌，不是一般人能消费得起的。在家中高歌一曲卡拉OK，曾经是所有中国民间歌神的梦想。谁不想在家中随时来上一嗓子呢？90年代初，另一样伟大的发明——家庭卡拉OK机诞生了。这是一种非常简陋的并与录像机、电视相连的设备，带有神奇的混响旋钮。在家里，只要买一台录像机和卡拉OK机、几盒录像带，再配两支话筒，就可以像模像样地唱卡拉OK了。

90年代中期以后，中国的经济开始腾飞，人民的收入水平突飞猛进，用于娱乐的支出相应地大幅增加。随着价格大战后VCD机的大规模普及和光碟的泛滥，卡拉OK成了最廉价的娱乐方式。几年前还是高大上的洋玩意，一夜之间"飞入寻常百姓家"，越来越多的中国家庭圆了一把在家里扯起嗓子猛唱的卡拉OK梦。那段时间，走在小区里，常常可以听到在家中练歌的男声女声。虽然在家里自娱自乐是件开心的事情，但受罪的是邻居。那种五音不全还非要唱上一天的"歌手"，简直就是扰民了，由此引发的邻里纠纷时见报端。

家庭卡拉OK神器　20世纪90年代　苏苇、郭悦提供由于设备越来越便宜，卡拉OK的门槛越来越低，从城市到乡镇，出现了大量的露天卡拉OK。一台VCD，一台卡拉OK播放器，一台电视，一对话筒，一块小型的空地，一首歌一元钱，就这样，一本万利的生意风靡大江南北。下班回家，路过大排档，只见光膀子的后生一手拿着啤酒瓶，一手拿着话筒唱《心太软》。

但是，毕竟餐厅、家庭和露天场所的设备不够专业，唱起来没有太好的效果，经过优胜劣汰，最终各种KTV胜出，在全国开花结果。昔日火爆的歌舞厅慢慢地销声匿迹，转型为卡拉OK歌厅。

KTV的出现

进入21世纪，量贩式KTV席卷全国，成为年轻人的新宠。量贩式KTV又称为"自助式KTV"。"量贩"一词同样源于日本，即大量批发的超市，由此引出的量贩式经营，实际体现的就是透明、平价和健康的消费方式。

有唱歌兴趣的人大体分两类，一类是欣赏别人唱歌，另一类是爱唱歌的人去过过歌瘾，找找感觉，试试效果，自我欣赏的同时与他人一起欣赏。唱卡拉OK能发泄心头的郁闷，在客户、同学、朋友面前一展歌喉好舒畅。

要说现在的KTV包房可比当年的门槛低多了，特别是周一到周五的白天场次，几十块钱唱个够，三两个人就可以约个包厢尽情唱。智能手机出现后，许多供人唱歌伴奏录歌的软件也随之而生，这其中使用最广泛的当数"全民K歌"和"唱吧"了。手机里装个软件，不但可以自己唱、自己录，还可以一句句地学唱，可以和好友互动，点赞送花，唱得好的更可以上传平台分享给大家，唱得不好的即刻删除，不留痕迹。伴奏音乐可以升降调，还可以选择不同风格，什么卡拉OK风、摇滚风、老唱片风等，想怎么玩就怎么玩。

自从卡拉OK进入生活，我们已经亲历了无数行当和物件消亡，音乐载体也变了又变，可是卡拉OK依然有市场，老年人喜欢聚在公园里唱，年轻人喜欢去KTV唱歌。"全民K歌""唱吧"等线上软件火爆。就像1990年谭咏麟在《卡拉永远OK》中唱的，"不管喜与悲，卡拉永远OK"。

自驾游遍中国

讲述：蔡启晋

采访：黄海波

背景

  随着我国经济的快速发展，汽车保有量逐年提高，人们的观念和出行方式不断发生着变化，自驾游呈现出了勃勃生机。随着中国经济的腾飞，汽车逐渐成为普通家庭的必需品。大众旅游时代的到来，使得个性化更强、自由度更高的自驾游正在成为勇敢者的游戏。行驶在路上，看过的风景，听过的故事，攀过的高山，写就了中国人砥砺前行、勇攀高峰的精神。

  2001年被封为中国自驾游元年，自驾游作为一种新兴的旅游方式在国内旅游市场初现端倪。蔡启晋的第一次自驾游，至少提前了三年。1998年4月，他揣着刚刚考取的驾照，开着从朋友那里借来的车，一路北行，先到应县看到木塔，又把车开向恒山，登上了悬空寺。

"当时还没自驾游这个词，通常叫自驾出行。当时基本上没有驾车出行的，因为当时除了黄面的基本上就没私家车，太原市只有晋A7字头的一个号段是私家车。电子地图、手机导航？别想了，那是科幻片。当时出门全靠纸质交通地图。"他说。

第一次出行，他在沿途看到许多从未留意过的美景。从那以后他就迷上了驾车出行，越走越喜欢，几次之后动了自己买车的念头。2002年，他拿出全部积蓄买了一辆黄色的长城赛弗越野车。从此，他的每次休假，每个劳动节、国庆节和春节，都是在这辆车上度过的。

这辆车不曾辜负"越野"这个前缀

有了自己的车，他把目标一下子从山西拓展到三千多公里外的西藏。"为什么？人们把西藏称为越野者的乐园、四驱车的乐园，这个理由够吗？"他说。

第一次进藏，在川藏公路翻越4618米的业拉山口时，他和他的越野车遇到了第一个考验。那是川藏线上最著名的天险九十九道弯，由于车多风大，每辆车开过都扬起一阵尘土。会车时对面车辆所扬起的灰尘弥漫在山道上下，根本无法看清前进的道路和方向。他小心谨慎地一会儿左一会儿右地将车慢慢盘下山坡，一边开车一边感叹：真是天路呀。

虽然摇上了车窗，但灰尘还是能从密闭不好的缝隙里渗透进来，呛人的灰尘使人口干舌燥，高原的紫外线又射进车内，令人感觉闷热，但再热也不敢开窗，灰再大也不敢喝水，否则将喝进一肚的灰尘。

"就这样来来回回地盘啊盘啊，灰尘在空中飘啊飘啊，真是盘也盘不完的弯，吃也吃不完的灰！不过应该庆幸有福气来吃灰，因为如果遇到下大雨就更难，车辆下弯道或遇见暗冰容易侧滑翻车，山上也容易塌方、滑坡，那可真是一条走过就终生难忘的路！"

顺利驶过九十九道弯，蔡启晋放松了警惕。在阿里，一个无名湖出现在视野中，他开着车像一个初生的牛犊，奔向了前方白茫茫的盐碱地。结果，越野车陷在了那渺无人烟的湖边，四轮驱动也失去了作用。在等待多时、经过多方求救后，被困的车才得以解救，而此时他已在沼泽中待了三十多个小时。

就在那一次，他在大雪纷飞中翻过界山达坂，到达红柳滩后，像往常一样准备洗车，吃惊地发现这辆车和上山前相比，几乎面目全非了：车架颠裂了好几处；喇叭颠掉了；电瓶颠松动了；方向机颠得漏油了；排气筒也颠断了，车行驶起来就像拖拉机一样上气不接下气，除了喇叭不响其他地方都哗啦啦乱响。

行走在没有尽头的自驾游道路上，蔡启晋有时候是孤身一人，陪伴他的只有越野车。这辆车对他来说，不是简单的工具，而是一个从不变卦的伙伴，"走到每天的终点，别人开始洗衣服，我洗车，顺便检查车况。车不洗干净，我睡不踏实。"

他为自己的越野车拍过很多照片，其中一张拍摄于班公措。在湖边，他下车拍了几张照片后，仔细观察发现靠近公路和岸边的水很浅，而且水底都是清晰可见的石子，他索性直接把车开入湖中，然后从湖中加速冲出，叫同伴们站在岸上为他和爱车拍照。蓝天白云下的碧水中，黄色越野车一跃而出，溅起朵朵水花，美极了。

旅行日志

1985年毕业于西南交通大学机械系的蔡启晋身上，仍保留着青年知识分子的思维方式。这从他每次出发前做的功课就能看出来。

"第一次进藏前，我准备了将近一年。那时候网上的资讯不发达，也听不到驴友们的建议，我能做的就是查地图，还有打电话，我给沿途每个县的交通局、每座加油站、每家饭店、每个兵站都打了电话，确认了信息，这才出发。我还算出了每个收费站之间的公里数，这样就能算出来需要花多少钱。"

功课准备得如此充分，让他每到一处，都能得到更深刻的体验，而每天晚上不管再累再困都要坚持记录当日行程的习惯，则让他的记忆更加条理清晰。

在班公湖　2008年　蔡启晋提供

到达阿里那天，他记下了这样一篇日记——

　　阿里是西藏最贫困的地区之一，而阿里北部的日土县是阿里最寒冷贫瘠的地区，界山达坂下的多玛乡又是日土县最寒冷贫困的地区。在这里没有可以生长青稞的土地，缺少可以放牧的肥美草原，多玛贫瘠得就像郑钧歌中所唱——"赤裸裸，赤裸裸"。这一带地势高寒干燥，日照充足，年降水量不足100毫米，无霜期也短，是个农作物难以生长、仅能以放牧为生的高寒荒漠与半荒漠地区。由于这里年、日温差大，寒冻风化剧烈，加上风力吹蚀作用强盛，所有三叠纪—侏罗纪地层组成的山地除了部分阴坡、洼地与平缓坡地上长有稀朗、低矮的针茅属（羽柱针茅、沙生针茅等）、青藏苔草及木亚菊、蒿、垫状驼绒藜等小半灌木外，大多为裸露的红色砂页岩层及其风化碎屑物与砂质、砂砾质等松散沉积物质，在地貌外观上呈现为红色山地丘陵。因此，在新（疆）—（西）藏公路经过的这些地方常被称为红色达坂。

　　这只是他无数日记中很普通的一篇，混合着理科生丰富的知识和文艺青年的敏感。

　　陪父亲到赣南寻找祖先生活的痕迹，他也会先熟悉赣南的风土人情、客家南迁的历史，离开时还细心记下客家先民南迁纪念鼎上的铭文。"赣南素有客家摇篮之称，而我的祖辈就是从河南上蔡移居赣州的客家人，所以我对这个地方特别关注。"他说。

一页页翻看着蔡启晋的博客，丰富的内容让人目不暇接，每到一处，他的叙述中都充满了丰富的信息：地理、历史、动物、植物、神话、音乐、文学……需要多么开放的头脑，才能盛下如此繁复的知识？

真正的旅者都有一颗温柔的心

自驾游22年，蔡启晋7次到西藏，4次到闽、赣，3次到新疆，2次到广西，1次到漠河，每次出行基本上都在1万公里左右，最远的一次是从川藏北线进藏，走新藏线到达叶城，穿过塔克拉玛干沙漠到达库车，又沿独库公路翻过天山到达巴音布鲁克天鹅湖，再经吐鲁番、嘉峪关、中卫返回太原，全程约12000公里，历时28天。

夏天的青海玉树草原　2017年　蔡启晋提供

蔡启晋为自己设定了人生的三大目标——穿越阿里、穿越罗布泊、到达珠峰大本营，居然都实现了。本该停车入库，退隐江湖，但隐藏在心底的旅行欲望不时地啃噬着他的心，"我要去雅鲁藏布大拐弯处！"

每一段行程，都记录在蔡启晋的镜头里和日记中。如果按照时间顺序把每一段行程的主角排出来，会发现这些形象越来越丰富，"行走在路上，你永远不知道自己将会看到什么。本来是冲着迷人的风景去的，结果发现了更有意思的事。"平常的话，从一个行过万里路的人嘴里说出来，就成了哲学。

在路上他看到过一群又像羊又像鹿的动物，远远地只看到棕色的身子和屁股上一块圆圆的白，同伴们看到后都说是藏羚羊。他凭着数次进藏的经验觉得不可能是藏羚羊，却又说不清是什么，这时大家都很激动，他便把车停到路边，摇下车窗先拍了几张照片，然后大家都下车想走近点拍。没想到一行人刚下车，动物就迅速跑远了。晚上经过查询资料后确认，当天看到的是国家二级保护动物藏原羚。那次他还见到了另外两种国家一级保护动物——藏野驴和黑颈鹤。

说到班公措的高原珍稀鱼，蔡启晋的叙述就不那么轻松了，"码头边的鱼庄，饭店老板刚从班公措捕来的高原湖鱼，一个人二十元随便吃，鱼片汤、鱼丸、炸鱼片、清蒸鱼、红烧鱼、火爆鱼片……这种鱼叫高原裂腹鱼，仅分布于青藏高原及其周围地区。由于高原地区冬季冰冻时间长，裂腹鱼生长缓慢，繁殖力低。不过高原鱼类区系组成简单，敌害少，所以目前种群还比较繁盛。不过近年来随着旅游者的逐渐增多，为了满足一些人猎奇的胃口，捕捞速度越来越快，据说有的船一网下去就是二百多公斤……"

国家二级保护动物藏原羚　2003年　蔡启晋提供

　　蔡启晋的QQ号码昵称是"大漠飞鹰"，从中我们读出了他的胆魄；他对一草一木、对动物的同情，则让我们读出了他内心的柔软和温情。"行的路越多，我越发认识到人类和万物一起构成了这个美好的世界，人和动物、植物、湖泊、高山都是平等的，我希望自己能做点什么，让我看到的这些美好的事物一直延续下去。"

家住城中村

讲述：王　辉

背景

"城中村"，顾名思义，即城市中的村落，是城市高速发展过程中的产物。城市化进程中，城中村无论是生产方式、生活方式还是地缘特征，都明显有别于传统意义上的农村。城中村具有自身的历史基底，同时容纳着多元的外来人口，包含着城市发展的全过程印记，因此具有多维度的文化价值。

1985年，地处太原汾河西岸的前北屯村，因积极支援国家建设献出了村里的土地，农耕田地已所剩无几，上级政府特批前北屯村集体"农转非"。我就出生在这一年的前北屯村，有幸成为首批变成市民的农村人。

与父辈祖辈们不同，我们这一代人不仅从未拥有过一天农村户口，也从来没接触过农活，其至很少见到农田。与如今含金量颇高的农村户口完全相反，转成城市户口在当时是让周边邻村羡慕的事，除了早已撤村消失的水西关村外，前北屯村在当时是太原市第一个，也是那时唯一一个集体农转非的村子。从此，农民户口就变成了吃香的市民户口，前北屯村委会也成了前北屯居委会。

半城市半乡村

与后来的家家小楼和现在的高层大楼大不相同的是，那时的前北屯虽已无地可种，但还在很大程度上保留着典型的乡村景象。

我们家跟爷爷家住在村北路西的一座院子里，自己住坐北朝南的正房，西侧两间偏房分别是厨房和仓库。东偏房与南偏房分别租住着来自文水县与河南省的两户人家。

房子建于20世纪80年代初，当时家庭条件刚好转，便找到那时刚刚落脚前北屯的一支河北民工队，建起了这套砖木结构砂礤房顶的房屋。室内顶棚用芦苇和麻纸打仰尘，把屋顶的一根根椽子和大梁都遮挡起来，仰尘的四个角装饰铜钱图案的纸洞。打仰尘就算那个时候的装修了，不仅增加美观度，还能保证屋子冬暖夏凉。

正房与院子之间是一片平整的水泥台沿，在边缘用砖块垒成围栏。一到春季，燕子开始在屋檐下衔泥筑巢的时候，家人就把一盆盆鲜花摆在围栏顶上，院子就姹紫嫣红一片。围栏下方的土地被爷爷修整成两片长方形花池，栽种着两株夹竹桃树，盛夏时节绽放出娇艳的花朵，吸引着蜜蜂与蝴蝶飞舞。树底下栽种大葱或蒜苗，奶奶做饭时顺手就能拔几棵做食材。

到了秋天，就有机会跟着家人进入院中两处最神秘的地方。其中一处是院西的库房，也就是存放粮食与杂物的屋子。改革开放前，村里吃粮一直凭"粮本本"，按规定买国家供应粮，当时的标准是干部28斤，群众30斤，父亲和兄妹几人总觉得吃不饱。1987年，国家放开粮食交易，人们不需要再凭粮油本本吃供应粮了。新中国成立后一直种菜不种粮的前北屯人终于可以去粮店自由买卖粮食了，大家都愿意多买多囤。在我们家库房里就码着成袋的各种粗粮。屋子里的另一侧堆放着整齐的纸箱，里面是爷爷珍藏的各式美酒，地上放着怪模怪样的农具和工具，有些是我认识的，如柳条编成的篓子、筐子、锄头、扁担，还有很多我叫不出名字，更没有用过。

另一处神秘所在是菜窖。进入深秋，家家户户都要储藏冬菜。菜窖在地下三米处，把大石板挪开就露出漆黑的入口，透出微微的凉意，顺着木梯下去就进了菜

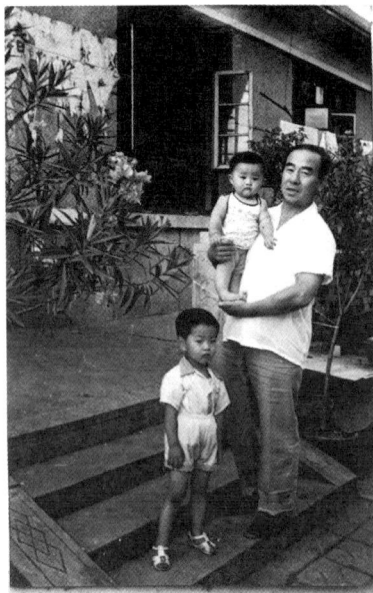

爷爷抱着妹妹领着我站在院子里
1989年　王辉提供

窖。小时候我有一次执意要进去一看究竟，刚下去便闻到一股长年累积的发霉与潮湿混合起来的味道。适应了黑暗环境后我看到的是一排排、一层层的木架，整齐码放着胡萝卜、大白菜和山药蛋。正待我思考这里适合玩什么游戏时，二叔故意喊了一句"有老鼠"，吓得我一溜烟蹿出菜窖。

出院门就是小巷。前北屯村的主路两侧有很多条巷子，每条小巷串起五六户人家的宅院，邻里之间有事互帮互助，平时经常串门。小巷里的孩子们常聚在一起玩耍，安静悠长的巷子交错相通，是我们追逐打闹、捉迷藏、打仗的最佳场所。有时我也和要好的小伙伴一起在巷子口的大石墩上比赛拍洋片、弹玻璃珠，到了晚上逮蛐蛐，逗弄藏在石墩后乱叫的蛤蟆。

村东小巷多是土路，靠近现在奶奶庙的地方有一条流着浑浊河水的黑泥渠，把密集的院落分成两片。有的村民在附近开辟出小小一块菜田，还保留着过去种菜的习惯。行走在村东小巷，时时要避开一头头肥壮的、黑灰毛色的猪。那时村里有了养殖专业户，村东就有一家养猪的。小时候我不怎么怕村中的土狗，但是听大人说猪脾气不好，有时还咬人，所以一见到迎面而来的猪，我就蹿到高处或者躲到家人身后。

城中村经济繁花似锦

20世纪70年代末80年代初，统购统销政策取消，允许农村商品流通了。小时候，常有游商小贩骑着后座载有两个大货筐的自行车进村沿着小巷叫卖，也有挑着担子边走边吆喝的小贩。修锅磨刀的手艺人们则一身轻松地背着工具在村里游走，不用太多吆喝也有不少生意。村里人家只要听到有人在叫卖自己需要的东西，就走出院门喊住商贩购物，时令蔬果、小吃零嘴、日常用品，应有尽有。这种形式比现在的网购、外卖还方便实惠。当时年纪小，玩起来特别投入，但只要巷内有人在叫卖我爱吃的零嘴，我都能第一时间注意到。

1988年，于进山中医学校毕业的父亲，在村口处开了一间药房和一间诊所。家里世代行医，父亲沿用了祖上的字号，将之命名为"永乐堂"。这是村里当时第一家私人营业的诊所药店，那时父亲被称为"个体户"。那年我3岁，喜欢在药店里玩耍，摆弄各种中药材。

父亲在诊所的中药柜前　1991年　王辉提供

早在1983年，当村支书的爷爷为了让像二叔一样的年轻人能有一技之长，将来立足社会，服务社会，便根据他们的兴趣爱好分别将之送到各专业培训机构学习技术。这些人有学印刷的，有学电工的，二叔和几个年轻村民在当时的实习饭店学厨艺。1990年，学成归来的二叔在我家药店的隔壁开起了一家小饭店。

那时的前北屯村，从村头到村尾，主路两侧已是大大小小的商铺了。什么小饭店、小卖铺、土产日杂店、副食品粮油店，生活所需样样都有。在我家的药店门前，还设有两个小摊位，其中一个摊位的经营者是爱笑的朝鲜族姑娘，每天售卖自己做的各种朝鲜风味的泡菜；另一摊位是四川的母女俩，在一辆三轮车上放上玻璃柜，里面摆满各种香料和调味汁，卖凉皮、凉粉、担担面三样小吃。我喜欢吃四川母女俩卖的小吃，尽管总被辣得眼泪直流，嘴巴还是吃个不停，龇牙咧嘴的，能连吃三碗。

父亲医术不错，来找他看病抓药的人很多。每当药店忙的时候，母亲就把我领去村口的桥西旅馆，找姑姑带我。桥西旅馆是20世纪80年代末村中最醒目的大楼，也是当时迎泽桥西一片的地标性建筑。记忆中旅馆很大，装修高档，像港台片里演的一样。这里是我的迷宫，这儿逛逛，那儿瞧瞧，看什么都新鲜。姑姑负责管理旅馆总机，长大后我才知道那时候打电话要先叫通总机，告诉话务员要叫的电话号码，由总机叫通后才能通话。

在旅馆总能碰到很多熟悉面孔，村里有多位叔叔阿姨在这里工作，他们看到我经常会塞点儿小零食让我吃。偶尔在旅馆中能见到爷爷匆忙的身影，他总是在跟身边的人谈话，或是在旅馆中停留片刻便离开。

桥西旅馆周边分布着桥西公众澡堂、桥西理发厅、桥西药店、桥西商店，在靠近太原工学院（现在太原理工大学迎西校区）的地方还有一家汽车修配厂。听家人说，1954年建成通车的迎泽大桥是所有太原人的骄傲，前北屯村在迎泽大桥以西，这座桥也成了前北屯人的骄傲，故村里产业都被冠以"桥西"二字。

那时，前北屯村口一带算得上河西区最繁华的地方之一了。地处迎泽桥和迎泽西大街的交汇点，又有食宿、服务、百货等店面，来自天南海北的客商络绎不绝。前北屯村从那时起成了改革开放后农村经济发展的典型。听长辈说，那时常常有记者来村里采访和报道前北屯村的建设形势与村民的生活变化。

前北屯起了小二楼

20世纪90年代初，我们这第一代非农村户口的孩子上了小学，村里变化更大了。大量外来人口流入，思想愈发活络的村民们开始纷纷加盖、翻盖自家房屋，村里的小二楼、小三楼渐渐多起来。1993年，我们家也盖起了二层楼房，过去的木头门窗换成乌金色泽的铝合金材质，天花板不再打仰尘，而是装上了现代化的吊顶和吊灯，屋内进行了最流行的装修，过去的土锅炉也换成了一人高的大铁锅炉。

我和妹妹在院子里玩耍 1991年 王辉提供

那时汾河以东的太原城还没有如今这般的天际线。站到我家二楼阳台上就可以将对岸的风光尽收眼底。1997年香港回归祖国、2003年太原纪念建城2500年，太原举办过两次庆典烟火，我都是在家里的二层阳台上观赏的。

那时，村里和沿途各单位共同出资，重修前北屯主路，以前坑坑洼洼的土路变成了柏油路。1995年，由于发展需要，前北屯人一直引以为傲的桥西旅馆和周围的一系列药店、商店和澡堂都被拆除了，据说要在原址起一座河西第一高的大厦。失去桥西旅馆不免让村里人感到失落。不过同时也有让人欣喜的变化，村东的西渠路上建起了前北屯桥西小商品批发市场，从此村里人的生活再也离不开它，小到针头线脑、柴米油盐，大到小家电，都能在这个市场采购。记得放学后一听家人说要去小商品市场去逛，我就立马来了精神，推开作业本就跟着去了。狭长的市场两侧商铺林立，展示的商品琳琅满目。我爱吃的零食和喜欢的玩具在市场里都能找到，就算不买只是过过眼瘾都很满足。

1997 年，我上了小学五年级。那个时候最爱和小伙伴一起去村东的汾河滩。当时新的迎泽大桥和汾河公园刚刚开始动工，河滩还保持着部分原貌，到处是大大小小的水洼，拨开周围的蒲草和芦苇就能看到水中的小生物。我们最感兴趣的是犹如一个个活逗号似的蝌蚪，几个人想办法各捞一只。我的那只被放进了家里的鱼缸，我一心期待过段时间它能变成一只小青蛙。结果眼看着它越长越像蛤蟆，母亲害怕了，将之放生到村北的玉门河里。

村口的那片被围挡着的工地在上世纪 90 年代中后期出现，一直到我初中毕业后的 2001 年才消失，取而代之的是如今的迎西大厦。这是全村有史以来最大的一笔投资，当时总共花费了 1.4 亿—1.5 亿人民币，建成后成为前北屯村的新地标。只是巨大的还贷压力让迎西大厦长期处于艰难自保的经营状态，迎西大厦至今无法像过去的村办企业那样普惠村民。

进入新世纪，前北屯村开始了第二轮建房高潮，各家各户筹款借钱，买建材，联系施工队。没有集体经济依靠的村民为了增加心理安全感，努力把自家小院修得好点儿，希望房屋租赁能顺利点儿，以此改善生计。

我们家小院也在那时重装修了一番，正房加盖成了四楼，南房加盖成了三楼。也是在那时，村里各家原本独门独院的居住形式因院里住满租客而变成了杂院，租客来自五湖四海，有独自外出打拼的青年，有一起来太原谋求生计的夫妻，有附近的学生，也有来太原医院看病的老人。在那些年，正是这些人给小小的前北屯村增添了繁华喧闹的景象，他们自己也在前北屯村留下了充满酸甜苦辣、悲欢离合的故事。

告别村落

2010年年末，前北屯村和下元、小井峪、后北屯一起被列为万柏林区首批拆迁改造的重点城中村。在拆迁前，和村里各家各户一样，我和家人拿起手中的相机、手机，拍摄下小院里、屋子中的每一个角落，和不得不搬离的每一户租客一一道别。

小巷里相处几十年的老邻居们按各家拆房的日子排好，互相帮忙，帮主人一起整理东西、搬家。从2011年正式拆迁到2015年陆续回迁，350余户前北屯家庭在各自租住的房子里经历了五个春去秋来，终于回到了熟悉的土地，只是昔日的前北屯村消失了，迎接我们的是陌生而崭新的高层小区。

现在的前北屯人逐渐适应了新的生活，积极融入社会，不断充实和提升自己，为未来的幸福生活打拼。如今，我和妹妹都已成家立业，我进入体育行业，成为一名教练；妹妹考进省社科院，成为研究员。上了年纪的父母逐渐习惯了高层住宅楼里的日子，省去了冬天拉煤添炭、租房清扫等的繁杂劳动。新中国建设的辉煌成就，不断改变着小小的前北屯村，惠及着每一个家庭、每一个人，我和每一个前北屯人都是受益者，也是历史的见证人。

巴士风景

讲述：赵春玲

背景

公共交通的发展，既是与百姓利益密切相关的民生工程，也是全面建成小康社会的要求。2012 年年底，国务院印发了《关于城市优先发展公共交通的指导意见》，"公交优先"战略正式确立，城市公交逐渐迈进了优先发展的快车道。乘车质量和乘车幸福指数的提升，体现了国家以人为本、执政为民的民本理念。

坐上公交车到处逛

我出生于 1966 年。小时候一起玩的小朋友们会突发奇想，要去某个好玩的地方。怎么去？——"坐 11 路！"

11 路，就是步行。在 20 世纪六七十年代，自行车、公交车是人们上班、出门办事、走亲访友的基本交通工具。最方便的当然是自行车，但是那个年代有自行车的人家凤毛麟角。公交车按段收费，3—4站买4分钱车票，累计进位，4分、8分、12分、16分。那时候人们的收入普遍不高，几分钱也是钱。而且公交线路少，所以大部分人出行是安步当车，被戏称为"11路"。那时候的人都特能走。我大嫂结婚前住在大铁匠巷，要去姐姐家串门，需先步行到晋阳饭店，再乘坐3路电车到三营盘，来回得花一块六。为了省钱，有时就步行去姐姐家，要走将近两个小时才能到达。如果当时能晒微信步数，肯定在一万五千步以上了。

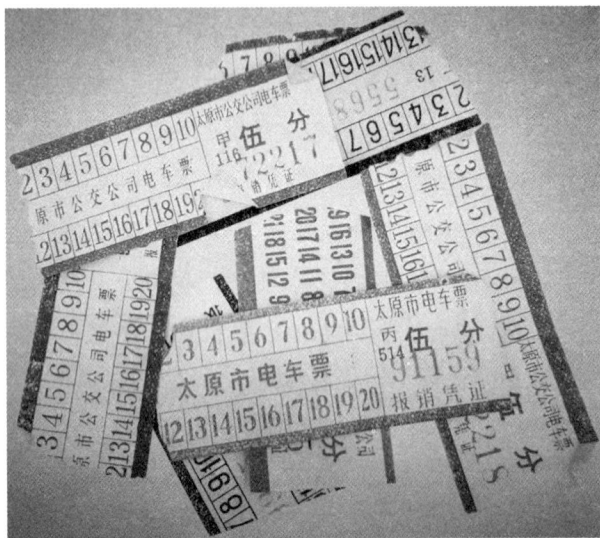

公交车票、电车票　20世纪80年代　孙向东提供

1983年，我高中毕业，考上了山西建安技校。我家住在东安路，学校在南内环省建一宿舍。坐公交车上下学成了每天的日常。虽然一天的车费不过两毛钱，但一个月下来也是

笔不小的数目，算起来还是月票划算。月票分三种，一种是专线公交月票，不需倒车就可以买这种月票，票价是两元，凭学生证一块四就可以买到。刚开始我买的是21路公交月票，这趟车从太原火车站发往太原刀剪厂，中间经过大营盘，正好把我接上。用了一个月左右，我发现了专线月票的不足。当时途经大营盘的除了21路公交车，还有4路公交车和3路无轨电车。和21路公交车比，4路公交车和3路电车频次更多、更好等，放学后和同学们一起等车，3路电车或4路公交车一来，大家都坐车走了，我经常一个人被晾在站牌下，傻傻等21路。第二个月，我果断换成了市区公交月票，票价三块，学生票两块一。虽然多花了七毛钱，但是1至5路电车以及市内的公交车，我都能坐，再也不用一个人等21路公交车了。

说起坐21路公交车，印象最深的是第一次乘坐时的情景。公交车驶离车站后，有人操着外地口音问我："这车往哪个方向开？"我用手一指："往前开。"那人一脸诧异。旁边有位中年人说："这趟车往南走。"我满脸通红，恨不得找个地缝钻进去。那次对话以后，我才有了方向感。

坐公交车时间长了，对线路慢慢熟悉起来，再坐车就灵活了。每天下午四点放学，我们三五个要好的同学都不急着回家，开始坐上公交车到处逛。

坐上车，一路欣赏着售票员卖票，只见她（大部分售票员是女性）左手端售票匣子，右手捏根铅笔，笔杆上端缠着橡皮筋。用橡皮筋往票面上一搓，拇指和食指顺势用力，一张票就撕下来了。

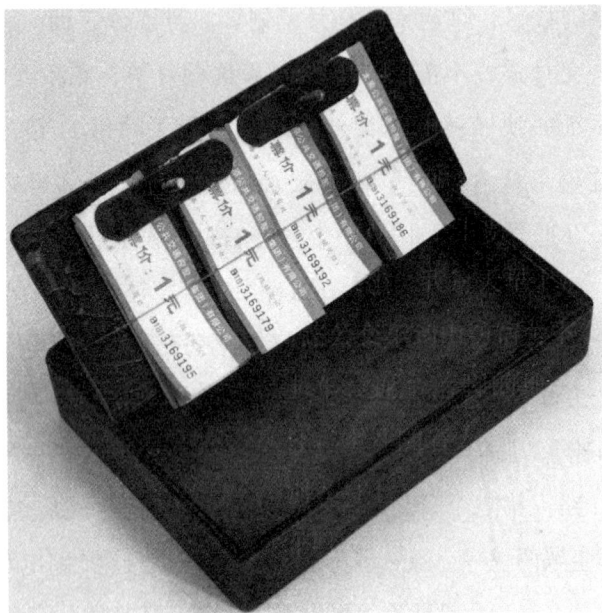

公交车票票盒　20世纪80年代　郭殿荣提供

　　如果站上等车的人多，我们就到对面坐反方向的车，坐到终点站，乘客都下车了，我们几个直奔车厢尾部，占领后排的大长椅，一路聊着天再坐回去。

　　公交车上人来人往，有给老人和抱孩子的妇女让座位的，有给外地人指路的，有看见不平之事出头评理的。那时候逃票的人也不少见。记得在3路电车上，从电机厂上来一帮男孩子，当时车上人很多，他们几个故意推搡着往后挤。等车门一开，售票员喊着"下车出示车票、月票"，这几个男孩把手插进口袋假装掏票，嘴里也不闲着，嚷嚷着"让一让，让一让"，扒拉开乘客，趁乱下车。售票员无奈地看着他们远去的背影，嘴里嘟囔着，并没有下去追。售票员拿这些调皮捣蛋的男孩子没办法。他们为了追求刺激，故意不买票。

1984年冬天，学校安排我们到太原平板玻璃厂工地实习。工地在和平南路，要从下元转乘5路公交车，原来的市区公交月票只能乘车到下元，就得更换成市郊公交月票，全票价是五块，学生票是三块五，太原市内及郊区的公交车几乎都能乘坐。我每天早上从火车站坐1路公交车到下元，再转乘5路公交车到山纺宿舍下车。遇到上下班高峰期，好不容易挤上车，连个落脚的地方都没有。站在过道的人，够不着扶杆，索性随着人流左右晃动，遇到一个急刹车，踉跄地扑到别人身上，引来不满的眼神："挤啥!""嫌挤，自己开个小卧车呀，那不挤。"这时，车厢里总是爆发出一阵哄堂大笑，淹没了争吵。终于到站了，我下了车，大口呼吸着清新的空气。

两年，大把的时间都扔在公交车上了。

领着儿子坐双层大巴

1985年，我工作了，工作地址在位于三营盘的社科院工地。现今繁华的亲贤街和长风街那时还是大片的庄稼地，并州路上行驶的3路（现103路）和11路公交车，是我每天上下班的交通工具，一坐又是三年多。

1988年，我调到了位于二营盘的太原服装厂工作。单位有接送班车可以乘坐，我很高兴，再也不用挤公交车了。

103路电车行驶在路上　1990年　杨建斌提供

　　1989年结婚后，我家住在三营盘宿舍，我开始骑车上下班。怎奈骑车技术太差，我出了好几次状况，多亏家离得单位挺近，每天就步行上下班。那时，上班两点一线，几乎没有自己的活动圈子。休息时间逛街、回娘家，老公骑车，我领着孩子坐公交车。没有交警的路段，爱人就用自行车带着我和孩子，孩子坐在前梁上，我坐在后座上。

　　1993年，太原从香港引进了十台双层公共汽车，运行在迎泽大街上，一时间成为新闻，被称为"城市里一道亮丽的风景线"。好多人专程等双层巴士，以便亲身体验坐"汽车楼房"的感觉。那段时间，每逢礼拜天，我都领着儿子专门去坐双层大巴，而且每次都要上二层，还要坐在第一排，视野开阔，感觉特别爽。

一直在变化的公交车

2000年左右，我离开原单位到一家私企上班。新单位在平阳路西二巷，从佳地花园乘坐813路公交车就能到达，非常方便。公交车已经实行了无人售票，使用公交乘车IC卡，可以享受五折优惠。上车时司机师傅的问候"你好，欢迎乘车"让我的心里萌生一丝暖意，太原公交车上独有的语音提示"请主动给老弱病残孕及抱小孩的乘客让座，谢谢合作""前方车辆拐弯，请站好扶好"伴随一路。到站了，司机师傅一句"下车请慢走"送给每一位乘客。前门上车，后门下车，公交车上人流井然有序，一改过去上下车的乘客都挤在门口的现象。

太原公交车第一天实行无人售票　1999年　杨建斌提供

2012年后，新换的车辆都装有空调，冬暖夏凉，乘坐体验非常棒。2018年，部分公交车更换成纯电动公交车，车厢内干净整洁、平稳舒适。坐在公交车上看马路上汽车如流，想想周围的朋友同事都会开车，我心里也曾后悔，觉得如果自己也会开车，出行肯定更加便利。但这仅仅是一个念头，我终究没有考驾照的勇气。

新能源公交车　2019年　高玉平提供

我家附近有许多公交车站，乘坐哪路车都很方便。毫不夸张地说，很长一段时间，在太原市，只要你说出街名，我大抵都能知道坐哪路车能到达，除非那个地方不通公交车。不过，随着近几年太原的道路改造，东西南北各路延伸，新增加了多条公交大巴，公交线路根据小区建设和道路修建，不断变得更完善，印在脑海中的公交地图逐渐落伍了。好在手机里有导航，要到哪里，只要输入目的地，乘坐哪路公交车一目了然。

记忆中的1路电车从大南门到尖草坪，2路电车从火车站到北宫，3路电车从五一广场到省委党校，4路电车从火车站到火车站循环行驶，5路电车从火车站到西宫。现在还在运行的只有103路电车，其他的四路电车暂时停运。从东到西，从南到北，到处留下我乘坐公交车的身影。

现在出行，我还是习惯坐公交车，从人工售票到无人售票，从刷IC卡到手机扫码乘车，坐在公交车里，可以看到太原的街景日新月异，而公交车本身也一直在变化着。

一个家庭的照明史

讲述：李克明

背景

从刚记事起用的煤油灯、蜡烛，到灯泡、灯管、节能灯，直到现在的 LED 智能照明……照明不仅改变了每个家庭的面貌，还影响到社会、经济、文化等诸多方面，加快了中国向现代文明进步的速度。

在15瓦灯泡下度过童年

打20世纪60年代记事起，我家就住在平房里，里屋外屋就两盏照明灯。屋顶中央伸出的花线（软线）吊一个搪瓷灯盘，里面有个黑色灯口，拧上灯泡，这就是当时家里的照明。

开关就是一根拉线，晚上睡觉还得把拉线压在枕头下边，方便开关灯。拉线用一段时间就磨断了，接一次还挺费事的。这种开关拉臂上的孔太小，穿过去挺费事，穿上了打个死结接着用，弄不好还有触电的危险。

那时家里最亮的灯泡是 25 瓦，另一个是 15 瓦。平常都是用低瓦数的，为了省电费。那时候电费几分钱一度，可各家都不敢随便用，在当时几分钱也不是小数目。逢年过节家里会换上大瓦数的灯泡，营造出节日气氛。电在家里的主要用途，就是照明。各家情况都差不多，没有啥家用电器，所以墙上也没有插座。

花线、塑料灯口
20世纪60年代　李克明提供

孩子们赶在天黑之前就基本写完作业了，不需要挑灯夜战，作业没那么多，学习负担没现在这么重。孩子们写完作业就在院子里玩。

逢年过节妈妈会把灯放得低些，做点儿针线活，给我们缝补衣服。那时家里还没有缝纫机，全靠手工缝衣服。夏天，邻居们大都会在院里搬个小板凳，坐在院里，边唠家常边缝补衣服，不用点灯，省电费。

我家住铁路宿舍，用的是铁路双线供电，基本不停电。偶尔停电，也是有啥突发情况，临时停电，用不了多长时间就恢复正常了。一说住在铁路宿舍，感觉还挺优越的。因为不怎么停电，那时候很多人家必备的煤油灯、蜡烛，我们家里却很少用。

当时家里没手电筒，要是到光线不好的地方找东西，比如说床底下，就得举着蜡烛钻进去。千万别着火，这是妈妈常说的话。

煤油灯点着了，会冒黑烟，味儿挺大，煤油还得用购货本才能买，家里基本不用，只是以备不时之需。有时家里没蜡烛了可能用一次。后来被我扔了，妈妈责怪我不爱惜东西，说还不如把煤油灯送给农村的亲戚呢。

1970年参加工作后，我做了一个简易的电石灯，是利用两个不同直径的铁管完成的。粗管的内径要正好套在稍细的管子的外径上，将细管焊牢不能漏气，里面放上电石。粗管上端也同样焊牢，中间打个孔，焊上相应的一小节废铜管，铜管顶端砸扁后，

煤油灯
20世纪60年代
范文海、王民全提供

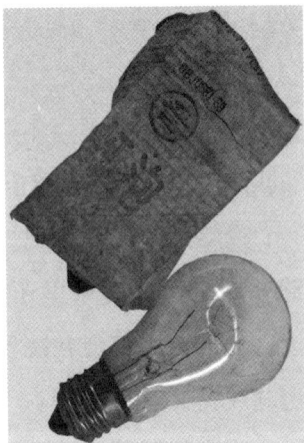

15瓦"晋"字牌灯泡
20世纪70年代　王民全提供

用针扎个小孔，略微把铜管弯一下，就可以了。做好的灯，外形就像一个小茶壶。使用时，在细管中放上少量电石，注上水，再把粗管拧上，产生的乙炔就可以被点燃用来照明了。这种灯不花钱，还非常亮，就是电石不好找。我从厂里的焊工那儿要了一块，回来后砸开分给邻居们。电石不好保存，容易风化，小孔冒出的气体压力较大，点燃时容易烧伤人，有安全隐患，所以一直没能成为照明的主流。

那时，人们买灯泡到百货商店或五交化商店，需使用购货本。人们一般都抢15瓦以下的，嫌瓦数大的灯泡耗电，不愿买。商店里大都是本地产的"晋"字牌灯泡，也有"京"字牌和"沪"字牌的灯泡。"京"字牌和"沪"字牌的灯泡质量好，外形圆，钨丝不容易断，价格稍贵几分钱，人们也觉得划算。

20世纪70年代初，有个朋友在北营的太原灯泡厂上班，"晋"字牌灯泡就出自该厂。他是吹泡工。那时，厂里的福利之一就是残次品灯泡——灯头歪的、球泡不圆的，只要不影响使用就发给职工自用。这位朋友经常能领到一盒子灯泡，他把这些灯泡都送给亲朋好友，我也在内。从那以后，我家就不缺灯泡了，大小瓦数的灯泡都有。

即便是这样，我们在使用灯泡的时候，钨丝断了也要对上继续用，直到实在对不上了，才换新灯泡。勤俭持家，当年家家户户都是这样的，我就是在这样简朴的年代中度过了自己的童年。

自己安装日光灯

1965年，我上小学五年级，教室里换上了明亮的日光灯，灯管长约一米，配有镇流器和启辉器（打火）。一间教室安装有8根日光灯，这种日光灯的功率是40瓦，比灯泡照明亮多啦。就是开灯时，得闪半天才能亮，打火经常坏，得经常换。讲台上的粉笔盒里放了很多打火，都是用来换的。

这种日光灯最初只是在教室和公共场合用，家里一般用不上，谁家也没那么大的房子，来安装这样一个一米来长的日光灯。大概在1975年前后，得知五一路的永安五交化商店进了一批家用日光灯，20瓦的，粗细和教室里用的一样，长度是普通灯管的一半左右，家里人就去买了一根，又配上了镇流器、两端的卡子和打火（当时没有组装好带灯罩的灯），共花了两块多钱。我们都感觉挺贵的，因为当时，一个灯泡也才两三毛钱。

买回来后，家里人根据接线图组装好，可是如何安装却成了大问题。怎样把日光灯吊到顶棚上？家里人愁了好几天。那时，平房的顶棚都是麻纸，这些麻纸被糊在细苇子编织成的架子上，吊灯泡问题不大，吊日光灯，镇流器还挺重的，也不知能不能撑得住？我们小心翼翼地安装着……一切进展顺利。只是吊灯的地方，顶棚显得有点儿下沉。安装结束后，赶紧开灯，真亮啊，满屋生辉。家具一下子显得有些老旧，与周围的东西搭配起来，不那么协调。

邻居先后都换上了日光灯，都说日光灯又好又亮。我义务当起了安装工。能帮大家做点儿事，觉得自己还挺有本事的，心里挺美。

很快，市场上就有了8瓦的细管日光灯。它有诸多优点，体积小，亮度大，重量轻，还省电。我就把家里另外两个房间的灯都换成了小灯管。从此，费电还不太亮的灯泡就被淘汰了，这是我们家里照明的第一次更新换代。

我有位同学是跑北京的列车员，她准备结婚了，就在北京用工业券买了两把折叠椅和一盏精致的8瓦日光灯台灯。这个台灯不是现在还能看到的那种椭圆形的款式，在当时显得非常漂亮和高档。好多同学托她买，她始终没买上，据说商场把这种灯都卖完了。厂家的生产量不大，不知为啥，后来不生产这种灯了。

我把台灯借回家，拆解后，仔细研究了一下，感觉没什么复杂的，就决定自己动手做一个。我先量好台灯的外形尺寸，画了一张草图，拿到厂里，利用边角料铁皮，自己动手做了一个外观与之一模一样的台灯。我先后购买了8瓦细灯管、卡子、专用的小镇流器和按键开关。在做的过程中，接线遇到了难题，因为灯管两头必须穿线还不能布明线，而穿线的卷边里只能穿细线。我跑遍太原市场，也没买上能穿过的细线。正在这时，单位派我去北京出差，于是，我在王府井买到了这种细线。当时，电线还不零卖，论把卖，我就索性将红绿蓝等颜色各买了一把。回家后，除安装台灯用了一些线，剩余的线我都保存起来了，至今也没舍得丢掉。

组装完毕，我欣赏着外观、颜色和原装台灯基本一样的新台灯，心里美滋滋的。新台灯得到了家人、同学、同事的啧啧称赞。新台灯与原装台灯唯一的不同就是比较重，我用的铁皮厚度是1毫米，而原装台灯使用的铁皮还不到0.5毫米。因为重，所以我们轻易碰不倒新台灯。

新台灯是家里的第一盏台灯，为我们全家立下了汗马功劳。妈妈在缝纫机前做针线活，一直用它照明；爱人打毛衣用它照明；儿子在这盏灯下看书学习写作业，一直到小学毕业。

新台灯挺结实，掉在地上毫发无损，却把地砸了个印子。新台灯还是家里利用率最高的的灯，因为它体积小、移动方便，还省电省钱。尽管在它之后，家里又添了好多台灯，有单位发的，有得的奖品，都很豪华漂亮，不过我觉得都不如我做的台灯好用。我在市场上也没见过同款台灯。几次搬家之后，这盏台灯去向不明，我至今还在寻找它，因为它给家人带来光明的同时，还带来了欢笑。

1987年，我告别住了三十多年的平房，搬进单位分的楼房。虽说楼房的房间小了点儿，但居住条件却大为改善，生活设施一应俱全。在厨房、卫生间、前后阳台，我都装上了带罩的日光灯，再也没有组装过灯。日光灯的使用一直持续到20

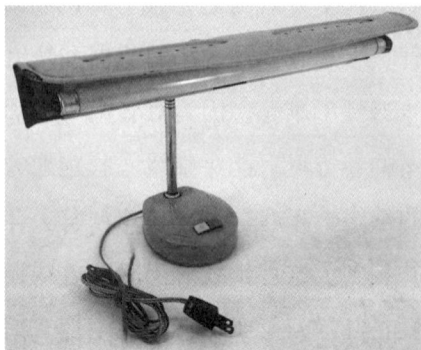

装荧光灯管的台灯　20世纪80年代　张恒提供

世纪90年代末。

1995年，我又搬到现在所住的这套三室一厅、一百二十平方米、前后都有大阳台的房间。那时，人们开始有了装修房间的观念。日光灯从单一的白色变得五颜六色起来。我在自己家的客厅安装了12根30瓦，闪烁着红、绿、蓝三种颜色的日光灯。三种颜色间隔安装，晚上开灯挺漂亮的，就像歌厅一样，我当时感觉特别美。邻居们也纷纷效仿安装。

这些彩色日光灯在房子装修好刚住进去时亮过几次，接下来十几年里，我再未让它们发过光。这些灯是暗装的，客厅还有吸顶灯，也不影响客厅照明。前些年我把彩色日光灯拆下来，连收破烂的都不要。收破烂的人只要了十几个镇流器，告诉我总共五块钱，给你两块钱，三块钱我帮你扔了。

我一分都没要，还谢谢人家帮我处理。当时花三四百块的灯管就这样被淘汰了。想想都可笑，家本来是休息的地方，弄得五光十色跟娱乐场所似的，你能感觉到温馨吗？

节能智能的照明时代

2003年前后，市场上出现了节能灯，就是价格贵了点儿。我持怀疑态度，叫节能灯，究竟节不节能不知道。一开始，我背着爱人先买了几个，偷偷换到厨房和卫生间，试用效果不错。首先它比原来的灯管亮，5瓦的亮度相当于以前的25瓦。为了证明节能效果，我还特意关注了设在楼道里的电表走字情况，确实比日光灯节能三分之一左右，优势明显。

在得到家人的支持后，我花四百块巨资先后买了二十多支不同瓦数的节能灯。我开始买的是飞利浦牌的节能灯，后来有了国产名牌，我就又买国产节能灯。我逐渐把家里的客厅、卧室、厨房、卫生间、阳台等处的台灯都更换成节能灯。家里的照明实现了第二次更新换代。

节能灯的光是白光和自然光，非常适合家庭使用。我没算过成本，估计挺划算的，因为我们家的节能灯用了很多年，也没坏过几个。

在我的宣传下，亲朋好友也先后将家里的灯换成了节能灯。一位住在我家楼下的同事跟我说，以后你家的灯换成啥样我就换成啥样，省得我还得纠结换不换。我家成了亲朋好友家照明的试验田，我把自己享受先进产品的快乐分享给大家，感觉挺荣耀的。

当时，我感觉节能灯是灯世界里最好的产品，这辈子就用它啦。

2010年10月，我在深圳帮儿子装修房子，经常到位于宝安北路的灯具大世界选购灯具。之前，我在网上和电视里已经看到过有关LED灯的研发和介绍，在太原还没有见到这个新型光源，挺感兴趣的。我在现场将一个8瓦的LED灯，一个15瓦的节能灯和一个100瓦的灯泡同时点亮，放在一个有三个隔断的模型中，亮度基本一样，用不着查电表，用电量显而易见，节能效果自不必说，这是照明效能最简单易懂的测试。我被这个测试折服，感叹时代发展真快，稍不注意你就落后了。我毫不犹豫地给儿子家买了几个LED灯，又特意多买了几个3瓦的LED灯，带回太原家里。

回到太原，我做的第一件事就是把厨房、卫生间的台灯换上LED灯，LED灯的瓦数比节能灯低，亮度比节能灯高，我的实验又一次成功了。

2015年秋天，我在深圳居住期间，看到几年前装的那几个LED灯仍然在"服役"中。那次我把儿子家所有的灯都换了，保留灯具，只是把灯泡分别更换成LED灯板、灯条、球泡灯等，成本大大降低。这是我家照明史的第三次革命。

住在我家楼下的那位朋友，在我的影响下，给新房子购买灯具时，观念比我还超前，一步到位购置了目前最先进的LED智能灯。通过一个遥控器的按键，一组灯变换着明暗、颜色、数量，还有定时功能，连墙上安装的开关都显得多余，因为在家里的任何地方遥控LED智能灯即可开关。

我家的手电筒，前几年也更新换代为功能繁多的LED智能手电筒。这是我出门旅游必带的东西。家里还有几个不同光色的带USB插口的LED灯，这些LED灯插上充电宝，就是移动照明，停电时还能当煤油灯、蜡烛使用。可至今我没用过一次，因为好多年不停电了。

新光源闯入这个世界，不仅带来了五彩斑斓的灯光世界，还照亮了人类的希望和未来。

"星星还是那颗星星哟，月亮还是那个月亮，山也还是那座山哟，梁也还是那道梁"，这首很多年前的电视剧插曲，我在后面添了句："家还是那个家，灯不再是那个灯，咋就变得这么好，这么亮……"

骑行在"自行车王国"

讲述：张秀芝

背景

20世纪80年代，中国被称为"自行车王国"。自行车是当时普及率最高的代步工具，自行车洪流是中国城市的一道风景线。2012年，公交自行车出现在太原的大街小巷；2015年，共享单车进入太原。随着移动互联网技术的不断升级，骑行风也一再改变。这些新形态的自行车不仅解决了城市的交通拥堵难题，也提供了更加低价、便捷、环保、健康的出行方式。

父亲的特制送奶车

父亲的自行车是特制的，不属于我家，是父亲工作的必备工具。父亲是牛奶站的员工，从20世纪50年代起，一直干到退休，那时的牛奶也算是紧俏物。

那时，送奶工作的辛苦，一般人是受不了的。自行车本身至少百十来斤，后车架两边挂上特制的梯形铁架子，架子上叠放着两三个箱子，箱子里面就是用玻璃瓶子装的牛奶了。这样一辆车的重量能达到四五百斤。

永久牌自行车　1967年　武二保提供

太原现在的冬天不太冷，但是父亲工作的那个年代，零下二十摄氏度是常有的事。马路上结着厚厚的冰，整个冬天都化不了。夏天，路况不好，小街小巷泥泞不堪，推着车走是常事。

春夏秋冬，年复一年，父亲总是天不亮就起床，这个习惯保持了一辈子。退休后也天天如此。记得我和妹妹周末睡懒觉，父亲锻炼回来，就在院里喊：都几点了，还不起啊！

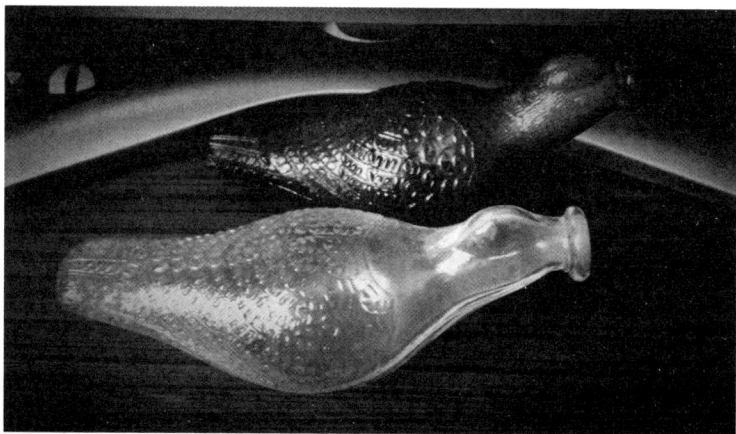

鸽子奶瓶　20世纪70年代　常宇红提供

嗓门高得不得了，我估计整个院子以及外面巷子里的人都能听见，我们立刻睡意全无。父亲年轻时身体好，不怕吃苦，这样辛苦的工作，他认认真真做了一辈子。他经常会说，60年代，大家都饿得吃不上饭，唯有你们姐妹没挨过饿，还不是因为我的工作好啊！邻居们都说，看人家老张家的姑娘，一个个白白胖胖的。

母亲生了七个女儿，一大家子的生计全靠父亲一个人工作维持。当时父亲的工资在单位也算是最高的，20世纪90年代时，每个月就可以挣七十几块钱呢！常听妈妈说，没有我们后面几个孩子的时候，父母的生活算是上乘。我上高中时，母亲让我穿她早年的一双小牛皮鞋，小牛皮鞋鞋面很亮，仿佛都能照得见人影。学校的楼道是老式的水磨石地面，我穿上小牛皮鞋后，一走路，脚下就发出脆脆的响声，惹得周围的人都看我，吓得我都不敢迈步了。现在想起来，那声音真是悦耳呢！

四姐的"28"加重自行车

1978年，四姐高中毕业，面临上班，父母在权衡之后，买了一辆"28"加重二手车。这算是家里的第一辆自行车，加重就是为了干活。这辆自行车冬天驮大白菜、土豆等。平时出门走亲访友，前面坐人，后面也坐人。我们都是女孩，年龄又小，干活没力气，所以自行车算得上是我家的一个劳力了。1985年4月28日，四姐结婚了，两口子买了"28"式永久自行车和凤凰自行车，180元一辆，这相当于她四个多月的工资！当时四姐的工资是40.5元。所以说，自行车是家庭富有的表现。那辆加重二手自行车则让高中刚毕业的大妹骑了。

关于大妹骑自行车的故事，我印象不深了，但是我知道大妹干了不少临时工，都是那种又粗又重的力气活……为了生活，大妹真是太辛苦了。现在过上好日子了，想起那时候，笑中带泪。

时髦的单车

1984年，我师专毕业，面临上班。从小学、中学到大学，我几乎都是走路去学校，好在学校离家近，对于那时候的小孩来说，走路不算啥。上了师专，路远了，没有公交车，我还是走路，至少走半小时。因为可以住校，所以不必每天跑家，但上班就必须考虑骑车的问题了。当时，太原市场上很有名的自行车是铁锚，因为这是本地第一家自行车品牌，所以受到人们的追捧。我也看上了铁锚：车型小了不少，看上去端庄雅致。墨绿的车架，一改以往的墨黑，非常好看。大梁明显低了很多，座位也低了，大链盒，大飞轮，崭新的车身，闪着让人无法拒绝的光。父母花100元为我买了自行车，我如愿以偿。骑上新车，我感到周围都是艳羡的目光，我好不得意。但是铁锚这种自行车，有点儿像它的名字，骑起来比较费力，闸也不太好用，骑几天就需要修修，就这样，我也骑了四五年铁锚自行车。后来出了"24"大弯梁自行车，时尚得很，我便淘汰了沉沉的铁锚自行车。

自行车的各种"身份证" 20世纪70年代至90年代
时尚回响工作室提供

1990年，我结婚时，买了一辆粉色普佳奇自行车。水涨船高，当时的工资涨了，物价也高了。普佳奇自行车的价格是700多元。这辆车的特点就是非常轻盈。可以说是自行车里的"赵飞燕"！还是燕儿把。普佳奇自行车新型的铝钛金材料，结实耐骑。这辆车我骑了很多年！大约在2000年，普佳奇自行车因为闸线常断，轮胎也磨损严重，我才不骑它了。

2004年之前，市面上来自台湾的捷安特自行车十分火爆，尽管被盗很严重，我对它的渴望却越来越强烈，后来我把儿子的一辆小车折合成80元，又花了680多元，买了辆捷安特自行车。那时候，我的工资有400多元，想想以前用半年工資买一辆自行车，现在用一个半月的工资就能买一辆自行车，也算值了，而且是人人都说好的自行车。新车确实好看又好骑，海水蓝的车架，流线型车身，每一处都恰到好处。为了防盗，我为它安装了一把当时最贵、最坚固的锁，还配着一条链锁。也许是因为用心，我没丢过车。直到十年之后，有了公交自行车和共享单车，这辆捷安特自行车我才骑得少了，不过现在它还被保存在我家的地下室中。

小妹聪明，学习很轻松，成绩却很优秀，她上了五中后才骑上自行车，之前在青年路小学上学都是走路去学校。1983年，在现在的省中医研究院门口的路两旁，有一个自发的二手自行车市场，每逢周末，都有大批的人在那里聚集。小妹的车就是父亲花了20元从那里买的。这辆车的特点是把高座低，小巧可爱，被人称为"公主车"。小妹身材不高，圆脸，留着齐刘海。记得当时有一部日本电视剧，名字记不清了，主人公是一个叫明子的女孩，她一吹哨子，她的小狗就会听到，无论多远，都会跑到她跟前。妹妹骑着这辆车，梳着那样的发型，同学就叫她"明子"。这种"22"式自行车很少见，估计是从国外带回来的。这辆车伴随小妹初中高中共六年时间。后来，小妹顺利地被北京第二外国语学院录取，太原市教育局给她颁发了高考优秀考生证书，大红色，和A4纸一般大。有趣的是，父亲觉得小妹不需要那辆车了，就到二手市场把车卖了，还是20元。哈哈！到现在妹妹说起来，那都是辆好车！

1996年，我的儿子5岁，爱人便买了一辆上海产的小轮自行车。这种车粗轮胎带变速，属于山地车类型。车身是漂亮的火焰蓝，电镀质量不比大人的车差。我扶着车，儿子学了一段时间，我便可以撒手了。从此，家里三口人，每人都有自己的自行车，走亲访友，出外游玩，太方便了。

自行车重回江湖

"请刷卡，还车成功，扣款零元。"每当我听到这样熟悉悦耳的声音，就不由得感慨：真是无论如何也想不到啊，天底下会有这样的好事。政府出资备车，市民不花一分钱随便骑。太原虽然不是一线城市，但公交自行车却是一流的。

公交自行车　2020年　高玉平提供

2015年春天，太原街头十字路口的人行道上，忽然出现了一片片嫩绿色——原来是一辆辆崭新的自行车——"酷骑"。我很好奇，跃跃欲试，便很快下载APP、注册、交押金，之后就骑上了"酷骑"。真好啊，想到哪里就去哪里，到了目的地，锁车走人，太棒了！有时候，我骑到家门口锁上车，还不忍心离开，就感觉像把一个小孩丢了似的，赶紧再给它找个有同伴的地方，这才离开。不久，小黄车也出现了，我同样注册了会员，感觉比"酷骑"好。紧接着，红色的摩拜席卷龙城，我也骑上了。共享单车最大的好处就是解决了人们近距离的出行，而且是绿色出行。去市郊、乡村也很合适。这不由得让人想起影视剧中的画面：《金粉世家》中，金燕西和冷清秋骑车经过田野，经过金色的麦田……现实中，骑着共享单车，最适合去公园、新的开发区、房地产售楼部等地方。不过，共享单车也有自己的问题。我曾在深圳看到单车堆成山的情景，太让人痛心！造成这些问题的原因有市场不成熟、人们的素质有待提高等。看来，共享单车还需要更好的管理机制。

共享单车
2020年　高玉平提供

　　小区不需要设存车棚，自己不需要买车，走到院门口，刷上一辆公交自行车或者一辆共享单车，悠闲地骑行在宽敞洁净的马路上，逛街、访友、游览……看云起云飞，桃红柳绿，感受轻风吹拂，杏雨沾衣，衣袂飘飘……希望骑行生活越来越好！

包容万象

讲述：黄　珊

✅背景

改革开放后，中国人的消费观经历了节俭、世俗化与从众化、非理性的奢侈品消费过程，及至转向具有现代性特质的"消费欲望、消费冲动、消费个性、消费自由"的哲学程式，这一切反映出社会经济的发展和文化变迁的事实。

如果你有幸打开一个女子的包包，那将是一个令人迷惑和惊讶的世界。小小的空间里，有序或无序地排列着镜子、梳子、口红、眉笔、香水、钥匙、钱包、电话本、手机、遮阳伞、纸巾、湿巾……包就是女子的闺中密友，这里面藏着她所有的秘密。用包容万象来形容现代女子随身携带的包特别准确。

进化心理学家认为，女人爱买包就和爱逛商场一样，是有历史原因的。在原始社会时期，女性的主要分工就是采集，而在采集物品的过程中，自然又少不了盛放采集物的箩筐。原始分工经过不断演化，到今天，善于采集的女性转而对逛街购物乐此不疲，而象征箩筐的包包也成了她们出门时必不可缺的一部分。对男性来说，追捕狩猎的天性和原始分工使他们对车和速度情有独钟。所以，女人关注包，男人关注车，有着天然的合理性。

人造革手提包

记忆中的第一只包还得从父亲说起。

父亲是20世纪60年代毕业的大学生，在工厂里干过技术员，担任过厂领导，身份一直是干部，也就是人们说的公家人。他出门的时候，常穿一套蓝色的中山装、黑皮鞋，口袋里插两支钢笔，拎上黑色人造革包。这样的父亲，看起来特别让人尊敬。

人造革手提包
20世纪70年代
郭兴源提供

1979年冬天，我们全家从阳高县搬到太原市。全部的家当就是两个大扣箱和父亲的"28"式永久自行车。一家五口随着一辆解放牌大卡车从小县城到了大城市。

父亲在省教育厅工作，当时的办公地点在现在的"督军府"旧址大院里。他每天骑自行车上下班，车把上挂着印有"上海"字样的人造革手提包。包里装着文件、稿件，下班后，这包就变成了一个百宝箱。父亲是南方人，对妻子、孩子非常体贴，无微不至，你想到和想不到的东西，父亲都会惦记着。父亲一进家门，我就赶紧拉开手提包的拉链，里面总能蹦出些宝贝：省府饭店的三角饼，晋阳饭店的油旋儿，一大包可以冲汤喝的干海带丝……

要是出差回来，那就更不得了了。爸爸脱外套的工夫，我们姐妹三个早已迫不及待地拉开他的黑提包，从里面取出奶糖、蜜饯、小裙子、儿童画报……

1999年父亲退休之前，当他应邀到外地进行交流，仍会惦记着买当地的特产。虽然这时，中国的物流已经相当发达，想买的东西基本上都可以在家门口买到了，说不定价格比当地还便宜，但父亲坚信，出差回来不给孩子们带点儿好吃的东西，简直不可想象。每次父亲看到我们兴高采烈地打开提包时，总是面带笑容。父亲年少时，他的父母就双双离开，他没有享受到太多父母、家庭的温暖，于是就把自己对家人的爱通过这只手提包传递给妻子、孩子。我们的童年生活也的确从这只手提包上感受到了莫大的幸福，感受到了父亲深沉的爱。

书包、大包和小包

1978年，我上小学，当时孩子们背着的书包大部分都是用家里的旧布做的，我是全班为数不多的有黄书包的学生。

黄书包不是黄的，是军绿色的。所谓黄书包，就是指军挎。我的第一个书包就是大姐替下来的军挎。

20世纪70年代中期，解放军受到人们广泛的崇敬。当时如果谁家里有在部队参军、工作的人，那可真是"一人参军，全家光荣"，是莫大的荣誉。也许是人们爱屋及乌，随

军挎　20世纪70年代　陈杰提供

之而来的，背个军挎、戴个军帽，成为当时的风尚，用现在的时髦话来形容，真是"帅呆了，酷毙了"。

我们家有三个女孩，院子里的叔叔阿姨称我们为"老黄家的三千金"，三姐妹中，我最小。那个年代，作为家里最小的孩子，好处大概是能比姐姐们多吃点儿好吃的，坏处也显而易见——我穿的、用的，基本上都是姐姐们的衣物，书包也不例外。

1984年，我小学毕业的那个暑假，妈妈在坝陵桥的一家外贸商店给我买下了属于我的第一个包包——深绿色的厚帆

布双肩包。那个包一下子科普了影响我半辈子的几个重要的时尚概念：双肩包，外贸货，军装风。

20世纪90年代中期，我在一家合资公司做行政助理，第一次与经理一起接待港方客户，席间有一位30岁左右的女子，她穿着时髦的宽肩套裙，蓝色、米色相间的细格子西装，内搭丝质的宝蓝色尖领衬衫。最吸引眼球的是放在她左手边的一件蓝灰色手拿包，32开书本大小，皮质细腻温润，由切割成细条的真皮编织而成，这个包与她的格子衣服搭配起来，显得相得益彰。进入21世纪以后，我才知道那只包的品牌就是大名鼎鼎的葆蝶家（Bottega Veneta）。

之后很长一段时间，我都在找类似的包包。上班没多久，月工资不到三百元，但只要逛街，我总要在卖包的柜台前流连。当时买的大多是价格便宜的人造革包，款式时尚。各式颜色我都要买，用来搭配衣服。

那时人们尚未被品牌洗过脑，买东西第一看样式，第二谈价格，深入一点儿，会论产地，看是上海货，还是广东货。

1998年6月，当时太原市最大的、最豪华的华宇购物中心开业了。我与姐姐相约一起去逛，当时有一个皮具专柜正在进行打折促销，有的包甚至五折卖。记得我一下子买了五只包，其中三只现在仍在使用。有一款黑色亮皮的手提包还赶上了今年的时尚——腋下包。另一只红色荔枝皮的水桶包，去年又开始频繁使用，有不少人问我在哪里买的。还有一只是黑色的真皮手包，边缘有一圈兔毛，冬天穿大衣时拿上，人一下子就精致起来。因为包太多，不少包一年都轮不上背一回，所以看起来都还蛮新的。单纯说数量的话，这辈子我的包都够用了，不用再买了。

从那以后，品牌的概念建立起来了。品牌，并非名牌。某女生花光积蓄买一只LV包的传说甚嚣尘上时，我也从未产生过用几个月的生活费来买包的想法。随着年龄的增长，手上也攒了几只所谓的名包，那是见陌生人时唬人用的，它们带给我的快乐并不比其他包更多。

我喜欢背大包，特大包。有一次回娘家背了只黑色大包，大到什么程度呢？母亲撑开看了看，说背五十斤米没问题。母亲是沈阳人，70年代粮食紧张的时候，她每次探亲回来，大米、挂面是必背的，所以在这方面有丰富的经验。有一次父亲见我走累了，接过我手里的包想替我背一会儿，结果闪了手腕。他问我："你是不是把家当都背上了？"父亲的话提醒我，我之所以爱背大包，是喜欢它带给人的安全感。

碰到一些重要场合，就需要小包来加持了。每年总有一些重要的日子，如参加婚礼、年会等，小礼服和精致的手拿包最配。有一次参加一个活动，我穿了件黑底大花旗袍，配了红色尖头磨砂平底鞋，却没有合适的手包与之相配，我在网店浏览了好久，终于选中了一款亮绿色的手包。会场上，有一位摄影师追着我拍下了一组照片，不需P图，每张照片都像广告片那么美。

特大包和手拿包，大概是当代女性的双面写真吧。

有温度的手工包

我很好奇，在塑料袋泛滥之前，人们买东西用什么容器装？看到这只布兜子，我找到答案了。

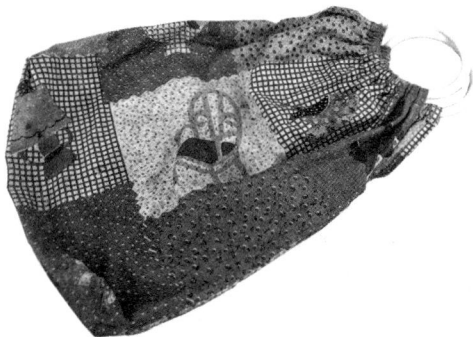

印花布兜子　20世纪70年代中末期　姜慧萍提供

应该是20世纪80年代初，母亲在太原解放大楼买了二尺结实的斜纹印花布，一对米黄色的塑料圆环。回到家，她把花布简单地裁剪了一下，坐在缝纫机前，"嗒嗒嗒"轧了几下，一个漂亮的布兜子就做成了。布兜子叠起来是小小的一块，而它展开的时候容量非常大，用现在的说法，这个布兜子运用了立体裁剪技术。当时很多的家庭主妇都有一只类似的包，星期天往车把上一挂，出去逛街。花布和塑料环的可选样式非常多，目测一下，就可以感觉到布兜子主人的流行敏感指数了。

20世纪80年代后期，各种会议多起来，装会议文件的兜非常高级，多为枣红、深蓝、墨绿，大部分是结实的尼龙布，上面印着会议名称，显得特别高大上。尼龙兜薄如蚕翼，比棉布轻，却更耐用，装菜装馒头都好用，迅速取代布兜子，流行一时。母亲也不再热衷于自己做布兜子了。

2015年，退休多年的老妈在命运的安排下，在老年大学偶遇拼布老师，从此一发不可收拾。她结合自己多年"拼多多"的购物经验，淘回各种小布块，开始了拼布创作。母亲的针线活儿功底扎实，再加上岁月馈赠的无限耐心，做出来的拼布作品，小到钥匙包，大到能装A4纸的手提包，个个精美。出自母亲之手的拼布包，算得上是真正有温度的物件了。

手工拼布包　2019年　张桂珍提供

从国民人造革黑提包，到个性化的布兜子、工业简约风的尼龙袋，再到昂贵的世界名牌包，最后回归到母亲的手作，包袋的流行变化万千，见证着主人的命运以及时代的发展。

购，购，Let's购

讲述：彭　亮

背景

2017年，来自"一带一路"沿线的二十国青年评选出了"中国的新四大发明"：高铁、扫码支付、共享单车和网购。"新四大发明"不仅改变了中国人的生活，也刷新了世界对中国的认识。

刷脸走遍中国

"您好，请刷脸，请确认预留的手机号码后四位。交易完成，请带好您的随身物品，欢迎下次光临。"在一众大爷大妈惊叹和艳羡的目光中，一个年轻人不用排队，没有付现金，没有刷卡，甚至都没有扫描手机二维码，就这样从自助支付平台刷脸结完账走人了。如此潇洒，像极了金庸笔下的神雕大侠。

难道这真是一个"看脸"的社会吗？

没错，这就是一个"看脸"的社会，但不是因为谁的面子大，谁的颜值高。

上述这一场景发生在2018年12月13日，从这天起，支付宝客户可以通过最新的人脸支付平台刷脸支付了。

我就是上面故事中那个潇洒的人，一个标准的"80后"。时代赋予我们探索精神，体验新生事物似乎是我们的天性，像前面所说的刷脸支付，只是我经历过的新生事物之一。下面我们就一起坐上机器猫的时光机，回顾一下几十年来关于购物的那些新鲜事。

刷脸支付　2020年　彭亮提供

有钱有票有证

生在改革开放初期的我们，是共和国的幸运儿，既没有赶上祖辈们为了共和国诞生而接受的战火洗礼，也没有父辈们伴随共和国成长所经历的悠悠岁月。我们一出生就赶上改革开放，赶上物质极大丰富的年代。虽然我们没有经历过从前艰苦的岁月，但是家里的老人常常和我们讲起他们那个年代的故事。

爷爷曾经对我说，新中国成立前，在农村，经常是辛苦种了一年的地，收成却还不够给地主交租，到头来还得跟东家借粮食才能生活，细粮是穷人家难以享受的奢侈品，每天能吃上玉米面饽饽就是最大的幸福。那会儿没有购物这个概念，唯一跟购物这个概念相似的应该就是置办年货了吧。其实也没什么好置办的，因为老百姓本来就没有太多的钱。爷爷家里人口多，为了活命，他14岁就离开家进城了。新中国成立后，爷爷就已经是"城里人"了。

从20世纪50年代起，粮票、油票、布票、烟票等票证，几乎涵盖了城镇居民日常生活的全部范围，当时的人们，大多是一大家子生活在一起，所以个人的供应票证也都是统一管理的，由此诞生了一大批高素质的家庭管理人员，比如我奶奶。奶奶在商业部门从事财务工作，她发挥强项，每个月都要把家里几口人定量的粮油以及副食，统一规划分配，还要适当地留出一些来，以备不时之需。当时老家来亲戚，要吃要住走时候还得拿点儿，奶奶平时的精打细算在这时就显现出好处了。

票证时代我们"80后"只赶上了个尾巴，我估计比我小一点儿的朋友压根儿就不知道这些事。其实我知道的也不多。

我的票证使用经历，模模糊糊，记得的只有两件事，那时我刚刚记事儿。一件是妈妈带我去吃早点，除了付钱之外还要付粮票；还有一件，就是每隔一段时间，爷爷就会骑上他的自行车驮着我去粮店买粮。买粮很有意思，爷爷从一个蓝皮或绿皮的本子上扯下一张印着号码的纸片来，递给粮店的工作人员，然后把带来的空面袋接在从柜台里伸出的一个口子下，粮店的工作人员用一个小簸箕一样的东西把秤好的米或面倒在里面的一个口里，粮食就会"流"到我们的面袋子里。然后，爷爷再驮上粮食，带着我回家。回到家后，他把购粮本交给奶奶，奶奶把购粮本藏好。奶奶真的是把购粮本藏得很好呢，我和妹妹从来没找到过。

那时，我并不知道改革开放是怎么回事，但是却能感到家里挣钱的人多了，生活条件好了，爸爸妈妈偶尔会带我们去逛商店了。那时的商店，都摆放着一排木质的柜台，从柜台的玻璃中能让人看见柜台里的货品，售货员站在柜台里面，背后是高大的货架，货架上放的是大件的商品。你想买什么东西，得跟售货员说："让我看看这个……"

最有意思的是卖布料的商店。柜台上放着成匹的各色布料，顾客看好花色定好尺寸，售货员就熟练地用木尺量好布料的尺寸，用剪子在布料的一头铰一个小口，然后顺着小口用力一撕，布料便跟整匹布分了家。接着，售货员写好单据，将单据夹到头顶铁丝的夹子上，使劲一推，票据的夹子便顺着铁丝搭成的轨道，到了收钱的柜台里。顾客到柜台交钱，交钱后的收据又沿着轨道被推了回来，顾客就可以拿着收据和包好的布料回家了。有一次我跟着妈妈去买布，只顾看头上飞来飞去的夹子，看得入了迷，等我回过神来——妈妈呢？妈妈去哪了？我的天呀！这就是传说中的"被丢"了吗？正当我准备大叫的时候，一回头，却看见妈妈在我身后偷笑呢。

太原解放路上专营布匹、棉花的商店　2019年　闫英提供

小卖部打酱油

那时，人们如果不想直接说自己的孩子长大了，就换个委婉的说法：我家孩子都会打酱油了。我最发愁的事情莫过于去副食店打酱油，原因有三：第一，我不爱跟人说话，看

到外人会紧张；第二，我算术不好，算不清账；第三，遇到外人，我就越发紧张，越算不清账。1986年，父母带我去北京玩，我发现居然有一种商店没有售货员，想要什么东西直接装进筐里就行，想要什么就拿什么，那是不是也没有人收钱呢？我暗暗想着这个问题。这个新生事物就是超市，当时叫自选商场。这种新型的商业形态简直是我的大救星。

上小学后，我们家搬到了爸爸单位的宿舍，在狄村。1990年的狄村，除了几个工厂以外几乎什么都没有，我家附近只有两个狄村村委会开的小商店，卖点儿土产日杂。买别的东西要"进城"，要到市里比较繁华的地方才能买到。记得最清楚的一件事是，有一次跟爸爸买鸡蛋，虽然是20世纪90年代初，供应已经放开，但有的东西也不怎么好买。那天爸爸买了十斤鸡蛋，骑着自行车带我回狄村。车把上挂着鸡蛋，后座上是我，到大营盘的时候，爸爸去大营盘菜市场买菜，就把自行车支在门口，让我看着车。结果，悲剧发生了，我不小心把自行车弄倒了，鸡蛋摔破了。爸爸从菜市场出来，看到眼前的一切，居然没说什么，而是迅速扶起自行车带着我飞速骑回了家。我本以为会被爸爸好好"修理"一顿，没想到爸爸把残留的部分鸡蛋液倒在一个盛菜的盆里。那几天，我们家就天天炒鸡蛋吃。真有点"因祸得福"呢！

那时，家长常常会问："你上学开不开心呀？""你学什么最开心呀？"有的小朋友会回答："可开心呢，学到新东西最开心了！"好吧，家长朋友们，如果您的孩子曾经这么回答，那我可以负责任地告诉你，孩子"骗"了你。别问我为什么知道这一切。低年级的小朋友最开心的事情其实是，爷爷或奶奶来接的时候给买零食；而高年级的同学则在乎爸爸妈妈又给了自己多少零花钱，自己又能买什么东西了。在同学面前能去买零食是一件很有面子的事情。对于我来说，这一切就比较让人难过了，因为我没有零花钱，但我是个要面子的人，于是我就通过帮妈妈打酱油、买东西时在不找零的情况下攒几毛钱，于是，我也尝到学校门口的"无花果""蜂蜜糕""酸枣面""粘牙糖"等这些"80后"集体记忆中的人间美味了。吃过的请举手！

信用卡和虚拟货币

上大学我才有了一些经济自主权，每年除了要交的学费、住宿费以外，自己能支配的钱就是生活费，跟其他同学的家长按月给生活费不同，爸爸是把一学期的生活费一次性给我，也是想让我锻炼锻炼理财的能力。我终于可以把钱省下来干自己喜欢的事儿了，买自己原来买不起的东西了。2001年这一年还有一个最重要的变化，那就是我有了人生中的第一张信用卡。当时出去刷卡消费是一件很有面子的事，特别是带着女朋友吃完饭，把信用卡丢出去结账的那一刻——哪怕卡上的额度只有两千块钱，也觉得自己好潇洒。可是潇洒归潇洒，超支的钱还得还啊！好多同学就因为控制不了自己的消费欲，在信用卡这种预支型消费面前栽了跟头。

与此同时，网购诞生了。2000年过后，互联网在国内得到了进一步的普及，当时谁没 QQ 号都不好意思跟别人打招呼，网购还处于初级阶段，能购买的物品也仅限于买个 QQ 装扮、充个游戏点卡、买个游戏装备等网络虚拟物品。购物时，我们还在"是该先付款还是该先发货"这个问题上纠结着。直到 2003 年，一个购物网站的成立几乎改变了世界。

在虚拟的网络世界里，让两个素未谋面的人，放下芥蒂坦诚交易几乎是在挑战人性的底线，阿里巴巴这个第三方平台的出现完美地解决了这个问题。但是由于当时网络支付还没有普及，所以那时有一个特别有趣的现象就是，在网上买东西的过程是：砍价，到邮局汇款，提供汇款凭证，卖家发货，等待到货，到货自提。

"等等，说好的快递呢？"哦，你穿越了，当时的快递业务才刚刚兴起，国内业务仅限 EMS 专递，费用很贵，所以还是自己跑一趟吧。这样的购物体验现在想来简直不可接受，根本没有便捷可言，所以当时人们网购的大多是在本地实体店难以买到的东西。

受支付方式的限制，当时网购的规模并不大，"双十一"也还只是"光棍节"。

随着互联网的进一步普及，网络银行走进了我们的生活，人们再也不用跑邮局去填汇款单了，只需要一个购物账号，一个可以支付的银行卡，只需要简单的几步操作：淘货下订单，确定收货地址，选择付款的银行卡，插上网银输入支付密码，就可以人在家中坐，静等快递送货上门了。

伴随着移动网络 2G 到 3G 的技术升级，网络也逐步向移动互联网转变，网络支付的方法也变得更加简洁。现在，通过手机App可以随时随地淘货、下单、支付。不仅支付方式便利了，人们的消费观念也改变了。网购的东西也不只是平常买不到的稀罕物件了，大到汽车、家电，小到鸡毛蒜皮的东西，我们在生活中所需的任何东西，大家都可通过网络购买。网购的节奏也真正步入了快车道。

仿佛在一夜之间，4G就势如破竹地替代了3G。也是在一夜之间，各种收款二维码就铺天盖地充斥在大街小巷了。有在国外生活了一段时间的朋友回来，突然发现自己落伍了，身边的大爷大妈上街买菜都不带钱了，都是把手机对准各种二维码，扫扫扫。

有了高速4G网络的加持，网购的规模更是迎来爆发式的增长，网民们有了许多属于自己的新节日，比如"三八妇女节"改为"女神节"，6月18日叫"电商节"，"双十一"叫"剁手节"……规模的扩大只能叫发展，观念的变化才是变革。不仅仅是网购的交易量有了突飞猛进的增长，更重要的是人们的消费观念有了质的变化，消费者购买的内容已不再仅限于实际的商品，更多的人开始通过购买服务来改善生活，例如，通过网络订购车票、机票，预订心仪的酒店和垂涎的美食，甚至定制自己的旅行行程。我们可以在节日的时候通过城市服务给远在故乡的父母送去一份祝福，也可以帮老人交水电煤气费。生活的各种需求都有对应的App来满足你。这真是——手机在手，天下我有。

从计划经济时代的各种票证到现在的刷脸支付，支付方

小区门口成了快递集散地　2020年　常宇红提供

式的改变可谓天翻地覆，但改变更大的则是消费观念的升级。我们的祖辈辛苦劳作，消费的内容大多仅限于生活必需品。改革开放以来，物质极大丰富，消费的重点在于生活品质的提升，人们开始注重对艺术和精神的追求了。同时，人们的消费也不仅仅局限于实物，还有服务。而当今最流行的是通过消费来购买知识，这也凸显了社会对教育的重视和人们对知识的渴求。

　　不知道将来我们会怎样买东西，又会买什么呢？我相信，一切会越来越便捷，也许还会有令人意想不到的购物和消费形式出现呢！期待着！

后　记

　　2020年是决胜全面建成小康社会之年，中华民族孜孜以求的小康梦想正在变成现实。在这艰难而伟大的历程中，无数让人怦然心动的人与事、情与思，都值得留在中国人民的小康奋斗史上。

　　最近几年，我一直在做公益项目"时尚回响"，接触到了许多附着在普通物件上的平凡故事。这些故事不温不火，如果不有意关注，它们就像落在地上的尘埃，隐藏在生活的角落里默默无闻，然而一旦你触摸到它们，它们就会立刻焕发出奇异的光彩，折射出大时代的风云变幻。新中国轰轰烈烈的扫盲运动如何影响一位普通家庭妇女的命运，新中国颁布的第一部法律如何成全了一对自由恋爱的年轻夫妻，飞速发展的通信业如何改变了中国人的社会交往方式……充满细节的回忆搭建起时间之桥，带我们重回往日。这些故事、物件，描绘了新中国成立之初现在普通人的生活轨迹和情感脉络，呈现出了大多数中国人长久珍视的生命价值。

　　这是一本由普通市民集体创作的书。他们并不是职业的写作者，因此也就保持了本真、质朴的品格。每位写作者记录的都是原汁原味的个体生命历程，而个体生命又必然存在于大的历史序列之中。穿过个体生命的薄雾，在平静的叙事中，建设小康社会的宏大背景被自然而然地纳入我们的视野之中。把一个个微不足道的普通人放置在他所生活的历史当中，我们就能看到人民的力量——普通人对社会的发展和历史的演进所做出的贡献，无论这贡献多么微不足道。同时，我们也能够看到一个极为普通的人如何在社会和历史的推动下被塑造出来，从而理解个人生活模式与国家历史潮流之间错综复杂的联系。

如果把小康社会比作一座宏伟的大厦，那么每一个人的故事都可以视为这座大厦的砖石。我们希望这本书奉献的是有独特品质的材料，虽非栋梁之材，但却不可或缺。

黄海波